KB236453

허용석 지음

# 교회로 자라난 아이들

## 평균연령 16.5세, 모퉁이돌교회 이야기

동네 교회 이야기 시리즈 11

# 교회로 자라난 아이들

**평균연령 16.5세, 모퉁이돌교회 이야기**

**초판 1쇄 인쇄** 2026년 2월 25일
**초판 1쇄 발행** 2026년 2월 28일

**지은이** | 허용석
**펴낸이** | 강인구

**펴낸곳** | 세움북스
**등  록** | 제2014-000144호
**주  소** | 서울시 종로구 대학로 19 한국기독교회관 1010호
**전  화** | 02-3144-3500
**이메일** | holy-77@daum.net

**교  정** | 이영철
**디자인** | 참디자인

**ISBN** 979-11-93996-73-7 (03230)

# 추천사

　　이 책은 한 목회자의 헌신과 결단에서 시작되어, 결국 하나의 교회 이야기로 완성된 기록입니다. 어린아이들을 귀히 여기시는 주님의 말씀(마 18:3, 눅 18:16)에도 불구하고, 오늘의 한국 교회는 중·고등부를 포함한 어린이와 청소년을 교회 사역의 중심 대상으로 여기지 않아도 된다는 인식을 은연중에 받아들이고 있는 듯합니다. 또한 한국 교회가 아이들을 잃어가고 있는 데에는 여러 이유가 있겠지만, 그중에서도 가장 큰 원인은 사역의 '방법'에 있지 않은가 생각하게 됩니다.

　　이러한 현실 속에서 허용석 목사님은 분명 특별한 사명을 받은 목회자이며, 그의 교회 개척과 공동체를 세워온 여정은 한국 교회가 반드시 귀 기울여야 할 중요한 관점을 제시합니다. 이 책에서 어린이와 청소년 사역의 구체적인 성장 전략을 찾기는 어려울지 모릅니다. 그것은 허용석 목사님의 사역이 쉽게 모방할 수 있는 기술이 아니라, 하나님께서 맡기신 사명에 대한 철저한 헌신과 양들을 향한 지속적인 사랑의 '대가 치름' 위에 세워졌기 때문입니다.

　　그럼에도 불구하고 이 책은 '아이들'이 교회가 되어 가는 과정을 통해 주님께 올려 드리는 한 편의 아름답고 향기로운 편지와 같다. 모든 성도와 목회자에게, 특별히 교회에 대한 소망과 사랑을 회복하기를 원하는 이들에게 이 책을 진심으로 추천합니다.

**김언허 교수** _ Southwestern Baptist Theological Seminary 조직신학과

　목회 현장에서 만나는 분들을 보면 크게 두 부류가 있습니다. 지혜롭게 계산하며 준비된 길만 걷는 분들, 반대로 계산보다 순종을 앞세우며 보이지 않는 길을 걷는 분들. 제가 만난 허용석 목사님은 후자에 계신 분입니다. 그래서 허 목사님의 이야기는 처음부터 완벽한 성공담이 아니라, 부족함을 인정하며 한 걸음씩 나아간 믿음의 여정에 가깝습니다.

　이 책의 페이지를 넘길수록, 가슴이 점점 뜨거워졌습니다. 다음 세대 사역의 어려움을 모르는 목회자는 없습니다. 우리는 이미 많은 시도를 했고, 그만큼의 아픔도 경험했습니다. 그런데 이 책은 달랐습니다. 화려한 프로그램도, 거창한 전략도 없었습니다. 다만 작은 공간에서 아이들과 함께 시작한 10년의 기록이, 조용하지만 확실하게 말해주고 있습니다. "포기하지 않으면 하나님은 반드시 일하신다!"라고 책을 덮으며 생각했습니다.

　"우리가 놓친 것은 방법이 아니라 하나님이 일하신다는 확신이었구나." 다음 세대 사역의 위기 앞에서 우리에게 정말 필요한 것은, 새로운 전략이 아니라 다시 시작할 용기가 아닐까요? 지쳐 있을 많은 동역자에게, 이 책이 작은 위로를 넘어 새로운 출발의 힘이 되기를 소망합니다.

**김학중 목사** _ 꿈의교회 담임

　허용석 목사님의 저서인 이 책은 결코 딱딱한 사역 보고서가 아닙니다. 아이들을 향한 한 목회자의 절절한 연애편지이자, 하나님께서 써 내려가신 은혜의 기록입니다. 저는 이 책을 읽으며 '교회는 건물인가, 사람인가'라는 본질적인 질문에 대한 가장 아름다운 답을 보았습니다. 예배 시간에 이어폰을 낀 학생에게 담대히 복음을 외치고, 배고픈 아이들에게 "뭐 먹을래?"라고 묻는 목사님의 모습에서 예수님의 심장을 느낍니다. 그 작은 공간에서도 하나님을 찬양하며 자라난 아이들이 이제는 교회의 중직이 되어, 또 다른 세대를 품는 모습은 읽는 내내 제 가슴을 뜨겁게 했습니다.

"사람을 모으는 교회가 아니라, 살리는 교회"라는 고백처럼, 모퉁이돌교회는 아이들의 삶을 실제로 살려냈습니다. 교회의 장래가 어둡다고 탄식하는 분들이 있다면 이 책을 펼쳐 보십시오. 하나님은 여전히 가장 낮은 곳에서, 가장 어린 생명들을 통해 당신의 나라를 확장하고 계십니다. 이 감동적인 여정에 여러분을 초대합니다.

김형석 목사 _ 지구촌교회 담임

파편화된 사회의 특징은 정답이 없다는 것이다. 이런 사회 속에서 교회를 개척할 때도 마찬가지입니다. 다른 사람이 알려 주는 답이 아니라 각자가 자신들의 환경에 맞는 답을 찾아가야 합니다. 모퉁이돌교회는 다음 세대가 무너져가고 있는 한국 교회의 한 귀퉁이에서 자신들의 답을 찾아가며 세워진 교회입니다. 더 정확히 말하면 하나님께서 보여 주신 바를 답으로 여기며 믿음 하나로 순종해 온 교회입니다. 하나님은 과거에 묶여 계시거나 하던 대로만 하시는 분이 아니십니다. 그분은 새 일을, 새 영을, 새 힘을, 새 날을, 새 노래를 주시는 분이십니다. 이 책은 하나님의 새로운 일 하심으로 낳은 교회의 이야기입니다. 이 책을 통해 각자의 환경 속에서 하나님의 새로운 역사를 꿈꾸며 가슴 뛰게 하시는 하나님께 순종하여 열매 맺는 이야기들이 곳곳에서 쏟아지길 소망해 봅니다.

박광리 목사 _ 우리는교회 담임

원고를 보기 전에 저자를 만났고, 그가 세운 교회의 역사를 추적했으며, 그의 공동체에서 복음을 전하며 성도들의 면면을 확인했습니다. 이 책의

모든 내용은 과장된 것이 전혀 없고, 치부를 감추지 않은 역사라고 증언할 수 있습니다. 많이 좌충우돌했지만, 저자는 부르심 하나로 개교회 주일학교 부서로서의 다음 세대 사역이 아니라, 다음 세대만으로 교회를 이루는 방식의 개척을 한 입지전적 인물입니다.

이 책은 그렇게 개척된 교회가 후원에 의지하지 않고, 어떻게 자립하고 선교까지 할 수 있었는지 매우 상세하게 그려 냅니다. 큰 교회에서 분립 개척할 수 없어도, 이 책만 따라간다면 좌절할 것 없습니다. 개척 멤버가 청소년과 청년들밖에 없어도 이 책이 제시하는 대로 부르심 따라 목숨 걸 수 있다면 진정으로 미래에 필요한 교회가 세워지는 은혜를 경험할 것입니다. 나는 현재 평균 연령 20세가 조금 넘는 이 교회의 미래를 매우 기대하는 마음으로 지켜보며 한국 교회의 중요한 모델로 추천합니다. 그리고 기도할 것입니다.

**이종필 목사** _ 세상의빛교회 담임, 칼빈대 신대원 교수, 킹덤처치연구소 대표

"어린이가 청소년이 되고, 청소년이 청년이 되어 이제는 교회를 지켜가고 있습니다"라고 저자이신 허용석 목사님이 저를 사역 현장에서 만날 때마다 말씀하셨던 기억이 납니다. 그런데 그 절절한 사연과 고백의 생생한 스토리가 책으로 담기게 되어 매우 기쁜 마음입니다. 한 교회를 세워간다는 것, 그리고 한 영혼, 한 영혼들을 하나님 앞에 세워가는 일이 현재를 살아가고 있는 지금은 기적이 되고 있습니다.

그동안 30여 년간 청소년 사역 현장을 함께 다니면서 참 많은 청소년 중심의 교회들의 도전을 보아 왔습니다. 그렇지만 이렇게 십 년 가까이 교회 개척의 준비와 모든 과정에 닥치는 위기와 은혜의 성장 과정을 자세히 알려 주는 책은 처음인 것 같습니다.

부디 이 책이 다시 한번 한국 교회에서 다음 세대에게 복음을 전하는 핵

심 도서가 될 것을 기도합니다. 단순히 사람을 모으는 교회가 아니라 한 영혼을 살리기 위해 정직하게 기도하고 있는 모든 분과, 교회, 그리고 묵묵히 다음 세대 선교의 사명을 준비하고 걸어가는 많은 분에게 바른 길잡이와 큰 힘이 될 것을 믿습니다. 감사의 마음으로 추천의 글을 드립니다.

**임우현 목사** _ 징검다리선교회 대표, 번개탄TV 대표

　세상의 큰 흐름을 따르지 않고 자기의 확신대로 주님만 의지하고 살아가는 것은 많은 용기와 믿음이 필요합니다. 저자 허용석 목사는 그런 사람입니다. 저자는 어린아이들이 하나님의 집인 교회에서 환영받고 성인 교인처럼 전 인격적 신앙 교육을 받아야 할 귀한 존재로 보았습니다. 그래서 그들을 위한 교회를 개척하였고, 그들이 이제는 자라나 대학생과 직장인이 되어 목회자의 동역자가 되었으니 이 얼마나 놀라운 이야기인가요.

　허용석 목사는 어린 성도, 젊은 성도를 교회 성장의 요소로 보지 않고 그들의 삶 전체가 성경적 가치로 채워지길 바라는 진짜 목회자입니다. 그리고 그의 목회론과 교회론이 이 책에 담겨있습니다. 이 책은 저자가 그냥 동네 아이들을 어떻게 언약 공동체인 교회로 변화시켰는지에 대한 생생한 보고를 전달합니다. 저자의 성공적인 사역으로 인한 기쁨과 좌절로 인한 슬픔이 모두 담겨있습니다. 이 책은 저자와 같이 어린 청중을 대상으로 목회하고자 하는 사역자뿐만 아니라 다음 세대 사역에 관심이 있는 한국 교회의 모든 사역자와 평신도 리더들이 꼭 읽어야 할 책입니다.

**조동선 교수** _ 한국침례신학대학교 대학원 조직신학과

　허용석 목사님이 보내주신 원고를 읽으며 여러 번 미소 짓고, 또 여러 번 코끝이 찡해졌습니다. 이미 이 교회를 구성하는 아름다운 청년들과 청

소년들을 만나고 왔기 때문이기도 하겠지만, 그런 시간이 없었더라도 충분히 감동하게 되는 살아 있는 교회의 따뜻한 이야기였습니다.

다음 세대와 개척이라는 험난한 길 위에서 아이들을 그저 '가르쳐야 할 대상'이 아니라, 함께 교회를 세워가는 '작은 동역자'로 바라본 그 따뜻한 시선이 문장마다 듬뿍 묻어납니다. 특히 수련회에서 아이들이 스스로 교회의 미래를 꿈꾸며 마음을 모으기로 결의했다는 대목에서는 가슴이 뭉클해졌습니다. 저 또한 아이를 키우는 부모의 마음으로, 그리고 먼저 이 길을 걸어온 선배의 마음으로 이 아이들이 이런 건강한 공동체 속에서 자라나고 있다는 사실이 너무도 감사합니다.

이 책은 화려한 목회 성공 신화가 아닙니다. 아이들과 함께 울고 웃으며 진짜 '교회'가 되어 가는 과정을 담은 투박하지만, 진실한 세월의 기록입니다. 다음 세대를 고민하며 밤잠을 설치는 동료 목회자들, 새로운 교회를 꿈꾸는 이들에게 이 책을 권합니다. 허 목사님이 아이들에게 보여 준 그 따뜻한 진심이 여러분의 마음에도 포근한 위로와 용기로 닿기를 바라며, 이 특별한 공동체를 응원합니다.

**조영민 목사** _ 나눔교회 담임

# 프롤로그

이 책의 목적은, 어린이와 함께 개척하여 자립하게 된 모퉁이돌교회의 성장 사례를 통하여, 계속하여 교회 개척에 힘써야 할 당위성과 더불어 교회 안에서 어린이를 성인 신자와 마찬가지로 온전한 인격체이자 중요한 사역의 대상으로 여겨야 할 필요성, 나아가 어린이를 사역의 주체로 존중해야 할 당위성을 한국교회에 제시하는 데 있다.

많은 교회에서 어린이 사역이 무너지고 있으며, 심지어 일부 교회에서는 아예 어린이 부서가 폐지되었다는 이야기를 어렵지 않게 듣고 보게 된다. 어린이 사역이 무너지고, 교회에서 젊은 세대가 급격히 사라지며, 그 결과 교회가 초고령화되어 간다는 탄식과 두려움이 점점 더 한국교회를 어둡게 하고 있다. 필자는 이 책을 통해, 어린이 부서의 감소나 폐지라는 현상의 표면적 이유는 목회자를 포함한 어른들이 어린이의 독특성을 충분히 이해하지 못한 데 있으며, 그보다 더 근본적인 이유는 교회 안에서 어린이가 어른과 비교하여 온전한 인격체이자 사역의 대상으로 충분히 존중받지 못해 왔기 때문이라고 제시하고자 한다.

만약 나의 진단이 옳고 모퉁이돌교회의 경험이 실제적인 도움을 줄 수 있다면, 다음세대가 점점 감소하고 있는 한국교회의 문제를 해결하는 데 하나의 대안이 될 수 있을 것이다. 이 책은 다음세대와 함께 교회를 개척하여 자립에 이른 모퉁이돌교회의 사례를 중심으로, 다음 세대 교회 개척과 회복을 위한 실제적인 사역 방법을 제안하고자 한다.

모퉁이돌교회의 사례가 모든 교회 개척의 정답이 될 수는 없겠지만, 아이들을 통해서도 교회가 성장할 수 있음을 보여주며, 교회의 진정한 주인이 예수 그리스도이심을 다시 확인하게 한다. 교세가 감소하는 중에도 많은 교회가 개척되고 있는 혼란의 시대 속에서 모퉁이돌교회의 경험이 참고할 만한 사례가 되기를 소망한다.

나는 늘 머리보다 몸이 먼저 움직이는 사람이었다. 그렇게 겁 없이 시작해 걸어온 지난 10년의 여정 속에서 모퉁이돌교회에는 작은 일 하나까지도 사람의 능력이 아닌 하나님의 은혜와 인도하심이 있었음이 분명하다. 하나님을 기쁘시게 할 방법을 고민하며 복음을 외쳤던 시간, 다섯 평 남짓한 공간을 얻어 예배했던 시간, 비록 아이들이었지만 그 작은 곳을 교회로 여기고 예배하며 함께 성장했던 시간들은 모퉁이돌교회의 사역이 결코 사람의 힘으로만 이루어진 것이 아님을 증명해 준다.

그럼에도 하나님께서는 사람들을 통해 일하셨고, 모퉁이돌교회가 어려울 때마다 하나님의 사람들을 보내 주셔서 위기를 극복하게 하셨다. 개척교회로서 재정의 어려움이 자주 있었으나 하나님께서는 늘 필요한 재정을 채워 주셨고, 예상치 못한 방법으로 교회를 인도하셨다.

교회가 문을 닫을 위기에 처한 적도 있고, 많은 성도가 한꺼번에 떠나는 일도 있었으며, 심지어 이단으로 몰리는 일까지 겪었지만, 하나님께서는 그때마다 새로운 사람들을 보내 주셔서 교회를 회복시키고 성장하게 하시는 놀라운 일들을 하셨다.

모퉁이돌교회의 표어는 "사람을 모으는 교회가 아니라, 사람을 살리는 교회"이다. 많은 사람이 함께 교회를 세워 가면 좋겠지만, 모퉁이돌교회는 한 사람이라도 좋으니 예수님을 진정으로 사랑하고, 그 사랑으로 교회를 뜨겁게 사랑하는 제자를 키우겠다는 다짐으로 지난 10년을 걸어왔다. 또한 모퉁이돌교회는 침례교 정신을 바탕으로 세워진 교회로서, 앞으로도 찾아오는 이들에게 하나님의 사랑과 예수님의 사랑을 전하고 침례교 정신을 가르치며, 어려운 시대 속에서 세상에 바르게 선 교회로 성장하기를 소망한다.

2025년 11월 1일, 모퉁이돌교회 11주년 감사예배 사진

# 목차

# 교회 개척
# 준비와
# 과정

교회 개척은 특별한 사람만이 감당하는 사명이 아니다. 모퉁이돌교회 개척은 여건과 상황이 준비된 가운데 시작된 것이 아니었다. 다만 하나님의 부르심 앞에서 계산하지 않고 순종하려 했던 한 걸음이 있었을 뿐이다. 그 한 걸음이 교회를 세웠고, 사람을 세웠으며, 지금의 공동체를 이루게 하셨다.

하나님께서 부르실 때 부족함을 이유로 물러서지 않고 "예"라고 응답하는 이들을 통해 하나님은 일하신다. 하나님은 우리가 강할 때보다 스스로 아무것도 할 수 없다고 고백할 때 더 분명하게 일하신다. 우리의 계산과 능력이 멈추는 그 순간, 하나님의 섭리는 시작된다. 우리의 지혜가 부족할수록 하나님의 지혜는 더 선명해지고, 우리의 능력이 다할수록 하나님의 일하심은 분명해진다.

이 글을 읽는 이들 또한 각자의 자리에서 하나님의 부르심 앞에 서 있을지 모른다. 상황이 말이 되지 않고 방법이 보이지 않으며, 자신이 너무 부족하게 느껴질지라도 그 자리가 하나님께서 일하시려는 자리일 수 있다. 모퉁이돌교회의 이야기가 누군가에게는 새로운 결단의 이유가 되고, 또 다른 순종의 출발점이 되기를 소망한다.

오늘도 하나님은 여전히 교회를 세우고 계신다. 그 일은 언제나 준비된 능력이 아니라, 믿음으로 내딛는 한 사람의 순종을 통해 시작된다.

# 1. 교회 개척을 꿈꾸다

"너는 베드로라 내가 이 반석 위에 내 교회를 세우리니 음부의 권세가 이기지

못하리라."(마 16:18)

돌이켜보면 하나님의 때는 늘 내가 준비되었다고 느낄 때가 아니었다. 하나님의 때가 이르렀을 때, 하나님께서는 지금 생각해 보면 다소 어이없다고 느껴질 만큼 예상하지 못한 상황을 통해 내 마음에 개척의 부담을 주셨고, 결국 나는 교회를 개척하게 되었다. 목회자가 무엇을 해야 하는지, 교회가 무엇인지조차 충분히 알지 못한 채 시작한 개척이었기에, 오늘에 이르기까지 모퉁이돌교회가 세워져 온 모든 과정은 결코 나의 능력이나 계획의 결과가 아니라 전적인 주님의 은혜였음을 고백할 수밖에 없다.

물론 충분히 배우고 준비한 후 시작했다면 더 좋았을 것이다. 그러나 현장에서 부딪치며 배우는 과정에서 오히려 마음에 더 깊이 새겨진 진리와 깨달음이 있었던 것도 사실이다. 그럼에도 불구하고 만

약 교회 개척을 고민하는 목회자, 특히 후배 목회자를 만난다면 나는 반드시 교회 개척을 시작하기 전에 '교회란 무엇인가'에 대해 분명히 알고 스스로 정의할 수 있어야 한다고 말해 주고 싶다. 교회 개척은 매우 힘겨운 사역이기에, 교회에 대한 신학적 이해와 확신이 없거나, 더 나아가 교회를 사랑하는 마음이 분명하지 않다면 그 수많은 어려움을 끝까지 견뎌 내기 어렵기 때문이다. 이러한 문제의식 속에서, 그동안 개척하여 지나온 목회 여정 속에서 정리하고 정의한 교회론을 나누고자 한다.



2014년 2월에 캄보디아 선교를 다녀온 후 나의 머릿속은 '어떻게 하면 하나님을 기쁘게 할 수 있을까?'라는 생각으로 가득 차 있었다. 그 질문은 자연스럽게 나의 발걸음을 복음을 전하기 위한 거리로 이끌었다. 아무리 고민해 보아도 그 당시 내가 하나님을 기쁘시게 할 수 있는 유일한 방법은 '하나님은 나의 아버지이시며, 이 땅의 참된 주인이시다'라는 사실을 세상 가운데 선포하고 그분을 자랑하는 것뿐이라고 여겨졌다. 나는 하나님을 전하고 싶다는 마음 하나로 기타를 들고 거리로 나섰다.

사실 그 이전에도 하나님을 전하고자 교회 주보를 들고 길로 나간

적이 있었다. 주보를 나누어 주며 "예수님 믿으세요"라고 외쳤지만, 돌아오는 반응은 대부분 듣지도, 받지도 않은 채 스쳐 지나가는 사람들뿐이었다. 간혹 주보를 받아 드는 이도 있었으나, 아무렇지 않게 교회 주보를 버리고 지나가는 사람들을 바라보며 나는 미처 생각하지 못했던 교회의 현실을 마주하게 되었다.

그때부터 나는 더 이상 '교회'를 소개하지 않기로 마음먹었다. 대신 오직 하나님만을 전하기로 결단했다. 그렇게 무작정 거리로 나가 외치기 시작했고, 그 과정에서 나는 처음으로 스스로에게 이 질문을 던지게 되었다.

"과연, 교회란 무엇인가?"

2004년 12월, 군 복무를 마치자마자 어릴 때 자라났던 교회에서 전도사로 임명받았다. 교회의 부르심이 있었고, 그저 하나님이 좋고 교회가 좋아서 전도사 사역을 시작했다. 그러나 그때까지도 나는 "사람들은 교회를 어떻게 바라보고 있을까?"라는 질문을 단 한 번도 진지하게 해본 적이 없었다. 특히 사람들이 교회를 부정적으로 인식하고 있을 것이라는 생각은 전혀 하지 못했다. 길에서 교회 주보를 나누며 복음을 전하던 중 사람들이 받아 든 주보를 아무렇지 않게 구겨 버리는 모습을 보았을 때 나는 큰 충격을 받았다.

전도사가 되기 전, 어린 시절에도 주보를 나누며 전도를 해본 경험이 있었는데, 그 당시에는 전도자가 복음을 전하면 대부분의 사람이 스쳐 지나가면서라도 이야기를 들어주곤 했다. 그러나 그날 마주한 현실은 전혀 달랐다. 전도자를 향한 사람들의 태도는 이전과는 비교할 수 없을 만큼 차갑고 무관심해져 있었다. 내게 교회는 너무나 소중한 존재였지만, 대부분의 사람에게는 그렇지 않다는 사실을 그때 처음으로 깊이 깨닫게 되었다.

교회는 헬라어로 '에클레시아'이다. 내가 신학교에서 배운 에클레시아의 의미는 "하나님으로부터 부르심을 받은 자들이 세상으로부터 나와 자신들을 부르신 하나님의 뜻을 이루기 위해 구성한 공동체"였다. 나는 이 정의가 그려내는 교회의 모습이 참으로 자랑스러웠고, 교회는 마땅히 그러해야 한다고 믿어 왔다. 그러나 현실의 교회는 과연 어떠한가? 우리는 하나님의 뜻을 이루기 위해 바른 방향으로 나아가고 있는가.

한때 존경받던 교회였지만 이제는 전도를 위해 나누어 준 주보가 찢기고 버려지는 현실에 이르게 된 이유는 무엇인가? 어쩌면 그날 내가 겪은 충격이 이후 매주 나를 다시 거리로 나서게 했는지도 모른다. 나의 작은 노력이 세상을 크게 바꿀 수 없다는 사실을 알고 있었지만, 그럼에도 불구하고 하나님 나라에 조금이라도 보탬이 될 수 있다면, 이 작은 수고를 통해 교회가 다시 회복되기를 바라는 마음이 나를 거리로 이끌었다.

매주 금요일 저녁 7시, 길에서 복음을 전하는 하늘소리 전도 사역

## │ 교회를 개척하려면 있어야 할 것은 무엇인가? │

나는 다음세대 사역에 집중하고 있었다. "어떻게 하면 내가 맡은 학생 중 단 한 명이라도 더 예배의 자리로 나오게 할 수 있을까?"라는 질문이 하루 종일 머릿속을 떠나지 않았다. 개척하기 전, 나는 한 교회의 고등부 전도사로 섬기고 있었다. 고등부 예배 시간은 주일 아침 9시였다. 평일 내내 이른 시간에 일어나야 하는 학생들에게 주일 아침 9시는 결코 쉬운 시간은 아니었을 것이다. 그 이유 때문인지는 알 수 없지만, 고등부 전도사로 첫 출근했던 주일, 예배실에는 고작 10명의 학생만이 자리를 지키고 있었다. 그 장면은 나에게 큰 충격이었다. 왜냐하면 내가 사역하게 된 교회는 당시 장년 재적 성도가 800명에 이르는 교회였기 때문이다.

학생들의 모습은 누가 보아도 부모님의 권유, 혹은 어쩔 수 없는 선택으로 예배 자리에 앉아 있는 듯 보였다. 그래서 나는 학생들에게 이렇게 물었다. "부모님이 이 교회 다니시는 사람 손 들어볼래?" 그러자 10명 중 9명이 손을 들었다. 이어서 두 번째 질문을 던졌다. "그럼, 오늘 부모님 때문에 예배에 나온 사람 손 들어볼래?" 이번에도 역시 10명 중 9명이 손을 들었다. 나는 놀라지 않을 수 없었다.

물론 가장 큰 현실적인 문제는 주일 오전 9시라는 이른 예배 시간이었다. 그러나 당시 교회의 구조상 그 시간 외에는 고등부가 예배드릴 수 있는 시간이 없었다. 고등부의 필요 대로 예배 시간을 조정하는 것은 불가능했고, 이제 막 부임한 전도사였던 나는 다른 방법을 찾아 했다. 하지만 전도사로서 내가 할 수 있는 일은 많지 않았다. 그럼에도 내가 가장 중요하게 붙들었던 것은 예배의 회복이었다. 나는 선생님들과 학생들의 눈치를 보기보다, 직설적이고 담대하게 복음을 전했다. 그 말씀이 학생들에게 적지 않은 충격이 되었는지, 교회 안에서는 새로 부임한 전도사인 나에 관한 이야기가 조금씩 오르내리기 시작했다.

어느 주일 예배 시간, 한 고등부 학생이 이어폰을 낀 채로 예배당에 들어왔고, 예배가 시작된 뒤에도 그것을 빼지 않았다. 부임한 지

얼마 되지 않은 전도사였지만, 내가 보기에는 그것은 하나님 앞에서 적절하지 않다고 판단했다. 그날 나는 사임할 각오로 그 학생에게 "이어폰을 빼든지, 아니면 예배당에서 나가라"고 말했다. 결국 그 학생은 자리에서 일어나 밖으로 나갔다. 하나님 앞에서 예배드리는 시간에 이어폰을 끼고 있는 모습은 예배의 본질을 흐리고 공동체의 예배를 방해한다고 여겨졌다. 그런 태도가 바로잡히지 않는다면, 형식적인 예배를 드릴 필요는 없다고 생각했다.

이 사건은 당시 교회 안에 작지 않은 파장을 일으켰다. 그 학생의 부모님이 모두 그 교회의 집사님이었기 때문이다. 예배가 끝난 후 나는 담임목사님 사무실로 불려 갔다. 그러나 예상과 달리 꾸중이나 사임 권고는 없었다. 오히려 담임목사님은 "바르게 알려주려고 해서 고맙다"라며, 앞으로도 더욱 담대하게 복음을 전하고 사역하라고 격려해 주셨다.

그 격려는 나에게 큰 힘이 되었고, 나는 더욱 열심히 복음을 전하기 시작했다. 복음을 위한 내 사역의 방향은 분명했다. 첫 번째는 말씀과 예배의 회복이었고, 두 번째는 학생들이 머물고 싶은 '즐거운 교회'를 만드는 일이었다. 학생들이 진지하게 복음을 듣기 위해서는 교회가 즐겁고 머물고 싶은 공간이어야 한다고 생각했다. 그래서 당시 TV 예능 프로그램에서 하던 게임들을 교회 상황에 맞게 변형해 적용했고, 교회 주변에 골목이 많았던 환경을 활용해 숨바꼭질 같은 활동을 진행하기도 했다. 그 과정에서 아이들은 조금씩 마음을 열었고, 교회는 의무적으로 가야 하는 곳이 아니라 즐거운 공간으로 인식되기 시작했다.

그 결과 고등부는 서서히 부흥하기 시작했다. 교회에 머무는 시간이 늘어나면서 자연스럽게 말씀을 듣는 시간에도 익숙해졌고, 그 흐름 속에서 부임한 지 3개월 만에 고등부 첫 수련회를 진행하게 되었다. 수련회 기간 많은 학생들이 하나님을 인격적으로 만나는 놀라운 역사가 일어났다. 수련회 이후 고등부는 더욱 빠르게 성장하기 시작했다.

처음 10명으로 시작했던 고등부는 3개월 만에 30명이 되었고, 6개월 만에 50명으로 늘어났으며, 2년이 지나자 80명에 이르게 되었다. 장년 성도의 수에 비하면 결코 큰 숫자는 아니었지만, 예배가 회복되고 교회가 즐거운 공간이 되자 고등부 안에는 분명 놀라운 변화가 일어났다. 그때 나는 교회가 말씀과 예배를 중심으로 서 있고, 여기에 건강한 교제와 기쁨이 더해지면 반드시 부흥이 일어난다는 사실을 확신하게 되었다.

### | 왜 교회 개척인가? |

사역하던 고등부는 계속해서 부흥했고, 그렇게 시간이 2년 더 흘렀다. 어느새 고등부가 예배드리던 공간은 비좁아졌고, 교회에 오는 것이 즐거워진 아이들은 예배를 마친 뒤 점심을 먹고도 집으로 돌아가지 않고 교회에 남아 서로 교제하기 시작했다. 매우 바람직한 변화였지만, 한 가지 분명한 문제가 있었다. 그 당시 교회에는 아이들이 마음 편히 머물 수 있는 공간이 없었다.

아마도 그 지점이 내 마음속에 개척에 관한 생각이 싹트기 시작한 출발점이었을 것이다. 학생들이 부담 없이 머물며 쉬고, 안전하게 교제할 수 있는 공간이 필요하다고 느꼈다. 왜냐하면 세상 그 어떤 곳보다도 교회가 학생들에게 가장 안전한 장소가 되어야 한다고 믿었기 때문이다. 그래서 나는 편히 쉬고 놀 수 있는 교회를 직접 개척해 보고 싶다는 마음을 품게 되었다. 그 후 하나님께 기도하기 시작했다.

> "하나님, 제가 개척해야 한다면 길을 열어 주시고 분명히 보여 주십시오. 다음세대를 위해 개척하고 싶습니다."

이렇게 기도하며 준비해 갔지만 개척의 순간이 다가올수록 두려움은 계속해서 밀려왔다. 그럼에도 불구하고 나를 이끄시는 하나님의 인도하심을 외면할 수는 없었다. 결국 2014년 11월 2일, 나는 고등부 전도사 사역을 내려놓았고, 11월 9일 모퉁이돌교회란 이름으로 첫 예배를 드리며 교회를 개척하게 되었다. 다음세대 학생들을 위한 교회를 개척하고자 했던 나의 마음과는 달리 주변의 많은 반대가 있었다. 그래도 개척을 선택할 수밖에 없었던 이유는, 모든 상황과 환경을 주관하시는 하나님의 분명한 인도하심을 확신했기 때문이다. 그리고 만약 그때로 다시 돌아간다 해도, 나는 주저 없이 같은 결정을 내릴 것이다.

# 2. 교회 개척이 시작되다

교회의 본질은 건물이 아니라, 하나님을 예배하는 사람들이다. 좋은 장소가 허락된다면 감사할 일이지만, 장소가 없어도 예배가 멈추지 않는 공동체가 진짜 교회이다. 하나님과 동행하는 자리가 예배의 자리가 되고, 그곳이 바로 교회가 된다. 그러기에 우리는 환경을 기다리기보다 먼저 예배하는 사람이 되어야 한다. 상황이 준비되기를 기다리는 신앙이 아니라, 어디서든 하나님을 찬양함으로 하나님의 임재를 드러내는 신앙으로 살아가야 한다. 하나님께서는 그러한 예배를 통해 영광을 받으시고, 그 예배를 통해 교회를 세워 가신다.

오늘 우리가 서 있는 자리, 우리가 무릎 꿇고 하나님을 찾는 그곳이 교회의 시작이다. 건물이 아닌 삶으로 예배드리는 자들이 늘어갈 때, 교회는 담을 넘어 세상 가운데로 확장될 것이다. 각자의 자리에서 교회가 되기를 결단할 때 하나님께서는 그 순종 위에 새로운 역사를 시작하실 것이다. 이러한 고백 위에서 모퉁이돌교회는 시작되었다.

| 길 위에서 시작된 교회 개척 |

고등부 전도사로 사역하던 당시, 교회에서 캄보디아로 선교를 다녀오게 되었다. 그곳에서 나는 열악한 환경 속에서도 복음을 간절히 사모하고 하나님을 사랑하는 캄보디아 학생들의 모습을 보게 되었고, 그 모습은 내게 큰 도전으로 다가왔다. 그들을 바라보며 나는 더 이상 복음을 품고만 있을 수 없었고, 반드시 밖으로 나가 전해야겠다는 마음이 강하게 일어났다. 그러나 막상 밖으로 나가려 하니 가장 먼저 떠오른 질문은 이것이었다.

"어디에서 복음을 전해야 할까?"

잠시 고민한 끝에 사람들이 가장 많이 모이는 장소로 향하기로 했다. 그것은 큰 용기가 필요한 결정이었지만, 무너진 교회의 모습을 회복하고 싶었고, 무엇보다 하나님을 기쁘시게 하고 싶었다. 그렇게 나는 당시 함께 사역하던 부서의 학생들과 함께 거리로 나가 하나님을 외치기 시작했다. 물론 고등부 학생들이 처음부터 이 일에 흔쾌히 동의한 것은 아니었다. 불특정 다수 앞에서 복음을 전하는 일은 결코 쉬운 일이 아니었기 때문이다. 그래도 나는 학생들을 차분히 설득했고, 기타를 들고 찬양을 하기 시작했다. 우리가 찬양하면 사람들이 발걸음을 멈추고 귀 기울여 줄 것이라 기대했지만 현실은 생각과 달랐다.

찬양을 시작한 지 3분도 채 되지 않아 신고가 들어왔고, 우리가 전도하던 장소 뒤편 건물의 관리자가 달려나와 우리의 행동을 제지했다. 결국 우리는 그곳을 떠날 수밖에 없었다. 그럼에도 분명한 한 가지는, 그 일이 하나님을 기쁘시게 하는 일이라는 확신이었다. 그렇기에 결코 포기할 수 없었다. 비록 3분도 되지 않은 짧은 시작이었지만 우리는 그다음 주에도 또 그다음 주에도 계속해서 거리로 나아갔다.

그다음 주에는 눈이 많이 내렸다. 그런데도 나와 함께 전도하기로 약속한 학생들은 정해진 시간에 교회 로비로 나와 주었다. 우리는 지난주에 쫓겨났던 그 장소로 향하며, 오늘은 적어도 한 곡이라도 찬양할 수 있기를 기도했다. 그러나 그날 역시 한 곡의 찬양도 부르지 못한 채 그 자리에서 쫓겨나야 했다. 그럼에도 나는 포기 할 수 없었다. 무의식중에 나는 스스로에게 계속해서 묻고 있었다.

"교회는 무엇인가?"

우리는 하나님의 부르심을 받아 그분의 뜻을 이루기 위해 오늘도 이 자리에 모였다. 비록 사람의 제지로 인해 복음을 전하지는 못했지만, 그럼에도 어떤 상황과 환경 속에서도 하나님을 찬양하는 우리가 곧 교회이며, 하나님을 기쁘시게 하는 일이 분명하다는 확신이 있었다. 비록 우리가 서 있는 곳은 건물이 아닌 길 한복판이었지만, 교회가 반드시 건물만을 의미하지는 않는다. 나는 그 자리에서 하나님을 찬양하고자 했다. 물론 내 찬양에 귀를 기울이는 사람은 아무도 없었지만, 나는 하나님을 찬양했다. 세상에 선포하고 싶었다.

"태초에 하나님이 천지를 창조하시니라"(창 1:1)라는 말씀처럼 이 땅은 하나님의 것이며 이 땅의 진정한 주인은 하나님이심을 간절히 전하고 싶었다.

매주 금요일 천안 터미널 건너편에서 찬양 하는 모습

그렇게 1년이 넘도록 길거리에서 복음을 외쳤다. 매주 금요일이면 어김없이 기타를 들고 밖으로 나가 하나님을 찬양했다. 솔직히 1년 넘게 이 일을 반복하다 보니 마음 한편에 스스로를 의심하는 순간들이 찾아왔다.

"혹시 이제는 습관적으로 나가고 있는 것은 아닐까?"
"과연 이 일이 하나님께 기쁨이 될까?"

그러나 하나님께서는 우리의 의심조차 아시는 분이셨다. 마치 엘리야에게 까마귀를 보내 양식을 공급하셨던 것처럼, 밖으로 나가 복음을 전할 때마다 하나님은 늘 우리의 필요를 채워 주셨다. 마음속으로 "배가 고프다"라고 생각하면 찬양하는 인원수만큼 햄버거가 배달되었고, 어느 날은 누군가 음료를 보내주신 적도 있었다. 어느 날은 전도하는 모습을 본 누군가가 마트에서 음료수를 사서 조용히 놓고 가신 적도 있었다. 그렇게 하나님은 우리가 의심할 때마다 신실하게 필요한 것을 채워주시는 분임을 보여주셨다.

다섯 평 남짓한 장소를 제안받던 그날도 마찬가지였다. 유독 그날은 밖으로 나가기가 쉽지 않았다. 몸은 피곤했고 마음도 많이 지쳐 있었다. 그래서 나는 하나님께 솔직한 마음으로 기도했다.

이렇게 기도한 후 투덜거리듯 마음을 다잡고, 정해진 시간에 약속된 장소로 나가 복음을 전했다. 우리는 늘 농협 앞에서 전도했는데, 저녁 시간이 되면 농협이 문을 닫아 찬양과 전도에 방해받지 않았기 때문이다.

그날도 복음을 전하고 있을 때였다. 한 아저씨가 지나가다 우리를 보고 멈추더니, 갑자기 두 손을 번쩍 들어 "주여!"하고 외치며 하늘을 향해 울면서 기도하기 시작했다. 당시 길에서 함께 전도하던 학생들은 대부분 고등학생이었기에 낯선 아저씨의 갑작스러운 행동에 놀라 경계할 수밖에 없었다. 하지만 그 아저씨가 다가와서 꺼낸 첫마디는 뜻밖이었다.

"목사님이십니까?"

그는 자신이 소유한 건물에 다섯 평 남짓한 작은 공간이 공실로 남아 있는데, 원하면 아이들과 함께 무료로 사용해도 좋겠다고 선뜻 제안해 주셨다. 처음에는 솔직히 의심이 들었다. 그러나 나는 아저씨를 따라 그 공간을 직접 보러 갔다. 정말 작은 공간이었다. 다섯 평도 채 되지 않는 크기였지만 위치는 매우 매력적이었다. 천안 시내

한복판이었고 터미널 건너편 먹자골목 안에 자리 잡고 있어 모든 버스가 정차하는 곳이었다. 무엇보다 학생들의 왕래가 매우 잦은 곳이었다. 아저씨는 다시 한번 물었다.

"전도사님, 이 자리 쓰실래요?"

나는 놀라움을 감출 수 없었다. "정말요?"라고 되물을 수밖에 없었다. 사실 나는 이미 개척을 마음에 품고 있었고 하나님의 인도하심을 구하며 기도하던 중이었다. 다섯 평의 작은 공간이었지만 이곳은 하나님께서 보내신 개척의 사인처럼 느껴졌다. 그때 아저씨가 조용히 덧붙였다. "하나님께서 전도사님 쓰라고 주라 하시네요." 모든 상황이 믿기 어려울 만큼 정확하게 맞아떨어지는 순간이었다.

하지만 한 가지 걸리는 문제가 있었다. 결혼한 몸으로, 나 혼자만의 결정으로 개척을 선택할 수는 없었다. 이곳에 교회를 세우기 위해서는 아내의 동의가 필요했다. 그러나 화장실도 식당도 없는 다섯 평 남짓한 작은 공간을 떠올리니, 아내가 쉽게 허락해 줄 것 같지 않았다. 그래서 나는 다시 하나님께 간절히 기도했다.

모퉁이돌교회 임시 예배처소 간판

"만약 이 일이 하나님의 뜻이라면, 아내가 고민하지 않고 이 이야기를 듣는 즉시 동의할 수 있도록 도와주세요."

지금은 나보다 아내가 하나님의 일에 더 담대히 나아가는 사람이 되었지만, 당시 아내는 모든 것에 확신이 생기고 정리되어야 움직이는 매우 이성적인 사람이었다. 그래서 솔직히 말하면 개척에 대한 동의를 얻기 어려울 것으로 생각했다. 더 정확히 말하자면, 나 역시 막상 개척을 앞두고 두려움이 몰려오자, 아내가 반대해 주기를 무의식중에 바라고 있었던 것 같기도 하다. 그런데 아내는 잠시의 망설임도 없이 말했다.

"당신이 하나님께 기도한 후 하겠다고 결심한 것이라면, 나는 상관없어. 당신을 응원할게."

내가 개척에 관한 이야기를 꺼내자, 아내는 담담하게 그리고 흔쾌히 동의해 주었다. 솔직히 말하면 마음 한편에 약간의 불안함은 있었지만, 그 순간 마치 하나님께서 모든 길을 이미 준비해 두신 듯한 분명한 인도하심이 느껴졌다. 무엇보다 개척이라는 말을 들은 아내의 얼굴은 내 예상과 달리 세상 누구보다도 평안해 보였던 것이 지금도 선명하게 기억에 남아 있다. 다음 날, 우리 부부는 그 공간을 직접 보러 갔다. 그리고 그곳에서 교회 개척을 결심하게 되었다.

창세기를 보면 하나님께서 아담의 돕는 배필로 하와를 만들어 주셨다. 나는 아내를 통해 '돕는 배필'이 무엇인지를 배워 가고 있다. 아내는 그때나 지금이나 교회에 관한 일이라면 하나님 앞에서 기쁨으로 순종하며 기꺼이 동역한다. 또한 나의 부족함을 채워 주고, 때로는 나보다 더 분별력 있는 판단으로 교회가 운영될 수 있도록 지혜롭게 옆에서 함께 힘써 주고 있다.

다섯 평 남짓한 작은 공간에서 시작된 개척이었지만, 지금 돌이켜 보면 그것은 "어떻게 하면 하나님을 기쁘게 할 수 있을까?"라는 질문에서 시작된 전도와, "교회란 무엇일까?"라는 물음에서 출발한 하나님의 놀라운 계획이었음을 확신하게 된다. 무엇보다, 어떤 상황에서도 함께 순종하며 동행해 준 아내라는 든든한 동역자가 있었기에, 우리는 교회 개척을 시작할 수 있었다.

## | 왜 모퉁이돌인가? |

교회를 개척하기 전, 가장 먼저 해야 할 일은 교회 이름을 정하는 것이었다. 여러 고민이 있었지만, 이름을 결정하는 과정은 의외로 오래 걸리지 않았다. 나는 단지 '세상에 없는 교회', 그러나 '세상에 꼭 필요한 교회'라는 의미를 담고 싶었다. 다섯 평 남짓한 작은 공간에서 시작하는 교회였지만, 모퉁이돌교회는 이 땅에 꼭 필요한 교회가 되기를 바랐다. 그래서 교회 이름을 '모퉁이돌교회'라고 짓게 되었다.

'모퉁이돌'이라는 이름은 에베소서 2장 20절 말씀에서 의미를 찾았다. "너희는 사도들과 선지자들의 터 위에 세우심을 입은 자라 그리스도 예수께서 친히 모퉁잇돌이 되셨느니라." 이 말씀처럼, 모퉁이돌교회는 오직 예수님이 주인이 되시는 교회가 되기를 소망하며 붙인 이름이었다.

모퉁이돌교회의 첫 예배는 2014년 11월 9일 주일 오전 11시에 드려졌다. 다섯 평 남짓한 공간에는 아무것도 없었기에, 교회에 필요한 용품을 중고 용품점에서 하나씩 구매했다. 공간이 작아 준비할 것이 많지 않았지만, 개척 첫 예배를 위해 최선을 다했다. 예배를 시작하기 전, 고등학생 몇 명이 교회 문을 열고 들어왔다. 그들은 개척 이전에 사역하던 교회에서 함께 예배드리던 신앙 1세대 학생들이었다.

모퉁이돌교회의 첫 설교 제목은 "교회라는 이름으로"였고, 본문은 에베소서 2장 20-22절 말씀이었다. 나는 이 말씀이 말하는 교회의 모습이 모퉁이돌교회의 모습이 되기를 바랐다. 비록 작고 연약한 시작이었고, 앞으로의 길이 불안하고 두려울 수 있었지만, 예수님이 교회의 주인이시기에 친히 우리를 성장하게 해주실 것을 믿으며 온 힘을 다해 첫 설교를 담대히 선포했다.

첫 예배를 드린 후 성도들과 함께 식사를 나눴다. 당시 성도들은 대부분 학생이었고 교회 재정도 넉넉하지 않았기에 모든 비용은 담임 전도사였던 나의 개인 재정으로 충당할 수밖에 없었다. 부담이 전혀 없었다고 말할 수는 없지만, 그것은 문제가 되지 않았다. 아직 대학원도 졸업하지 않은 전도사가 작은 교회를 개척했는데, 그곳에 학생 성도들이 모였다는 것만으로도 감사했다.

다섯 평, 아무것도 없는 공간이었지만 '교회'라는 장소가 있다는 것 자체가 감사할 일이었고, 간판도 없는 작은 공간을 '우리 교회'라 부르며 기뻐하던 아이들의 모습도 감사의 이유였다. 무엇보다, 모두가 개척을 반대하던 상황 속에서도 남편을 믿고 기꺼이 함께해 준 아내가 곁에 있다는 사실이 가장 큰 감사할 일이었다.

식사를 마친 후에도 성도들은 곧바로 집으로 가지 않았다. 아직 예수님을 잘 알지 못하는 신앙 1세대 아이들이 대부분이었지만, 그 작은 공간이 그들에게 편안한 안식처가 되었는지 누구도 쉽게 떠나지 않고 교회에 남아 서로 교제했다. 그렇게 모퉁이돌교회는 비록 작은 교회였지만, 세상에 꼭 필요한 교회가 되기 위한 첫 주일을 보내게 되었다.

지금 돌이켜 보면 "정말 내가 교회를 개척한 것이 맞나?" 싶을 정도로 하나님은 모퉁이돌교회를 놀라운 속도로 인도하셨다. 우리가 걸어온 과정이 결코 쉬웠다고 말할 수는 없다. 그러나 하나님이 주인이시고 친히 인도하시기에, 모퉁이돌교회는 매일 주어진 삶 속에서 최선을 다해 걸어올 수 있었다. 그렇게 우리는 지난 10년을 걸어왔고,

지금도 모퉁이돌교회라는 이름으로 온전히 서 있다. 모든 것이 전적
인 하나님의 은혜이다.

주일 예배 후 함께 모여 식사하는 모습

# 3. 교회 개척을 함께한 아이들

하나님께서는 언제나 내가 기대한 방식대로 응답하지는 않으셨지만, 교회를 세우는 데 꼭 필요한 방식으로 응답하셨다. 나는 든든한 청년 50명을 보내달라고 기도하며 기대했지만, 하나님은 키워야 할 학생들과 신앙의 1세대를 보내주셨다. 그것은 성도의 수를 채우는 개척이 아니라, 생명을 세우는 개척이었다. 개척의 시작은 불안했고 두려웠다.

그러나 교회는 예수님께서 주인이 되시는 곳이며, 그분이 함께하신다는 확신이 있었기에 나는 개척을 주저할 수 없었다. 준비되는 것 또한 중요하지만, 그보다 먼저 하나님께서는 순종할 사람을 찾으신다는 사실을 이 과정을 통해 배우게 되었다. 하나님의 방식 앞에서 나는 계산이 아닌 믿음으로 길을 선택할 수밖에 없었다.

하나님은 지금도 교회를 세워 가고 계신다. 그 시작은 언제나 충분한 인력이나 안정된 조건에서 비롯되지 않는다. 오히려 하나님은 키워야 할 사람들을 모퉁이돌교회에 맡기시며, 그들을 통해 하나님의 나라를 이루어 가신다. 돌이켜보면 하나님께서는 내게 "너, 이래도 순종할 수 있느냐?"라고 끊임없이 물으셨음을 깨닫게 된다. 비록 나에게 맡기신 성도들은 어린아이들이었지만, 예수님이 주인이시기에 나의 능력이 아닌 나를 사용하셔서 당신의 교회를 세워 가고 계신다.

## | 놀러 오는 아이들 |

다섯 평 남짓한 작은 공간이었지만, 모퉁이돌교회의 가장 큰 장점은 터미널 한복판에 교회가 자리 잡고 있다는 점이다. 천안의 모든 버스가 정차하는 곳이어서, 교회 주변 길거리에는 많은 청소년과 청년들로 붐볐다. 교회가 1층이라 다소 시끄러울 수도 있었지만, 반대로 생각하면 누구나 부담 없이 쉽게 드나들 수 있는 좋은 위치였다. 그 결과 모퉁이돌교회에 출석하는 성도들은 대부분 학생이었고, 이들은 터미널에서 약속을 잡거나 친구들과 시간을 보내기 전후로 자연스럽게 교회에 한 번씩 들르곤 했다. 마땅히 갈 곳이 없을 때 교회로 와서 시간을 보낼 수 있다는 점은, 이 작은 교회가 가진 매우 큰 장점이었다.

모퉁이돌교회를 개척하고 가장 많이 받았던 질문은 "모퉁이돌교회는 아이들만을 위한 교회인가요?"라는 것이었다. 이에 대한 나의 대답은 언제나 분명했다. "아닙니다." 교회는 결코 특정한 누군가를 위한 곳이 아니기 때문이다. 그것은 학생만을 위한 곳도, 어른들만을 위한 곳도 아니다. 교회의 온전한 주인은 오직 예수님이시며, 교회는 만민이 기도하는 집이다.

물론 개척을 준비하며 "하나님, 다음세대를 위한 교회를 개척하고 싶습니다. 다음세대를 맡겨 주시면 최선을 다해서 목회하겠습니다"라고 기도했던 것은 사실이다. 아마도 하나님께서 그 기도에 응답하시듯, 학생들이 가장 많이 오가는 곳에 교회를 세우게 하신 것으로 생각한다. 모퉁이돌교회 주변은 주택가가 아닌 상권 중심지였고, 학교를 마친 학생들이 자연스럽게 모이는 동선 위에 교회가 자리 잡고 있었다. 그로 인해 교회는 학생들에게 낯선 공간이 아니라, 친근하게 다가갈 수 있는 장소가 되었다.

이러한 환경 속에서 모퉁이돌교회에 출석하던 학생들은 교회에 오는 것을 자연스럽게 여기게 되었고, 머무는 시간 또한 점점 길어졌다. 그러다 보니 교회는 성도들만의 공간이 아니라, 예수님을 믿든 믿지 않든 성도들의 친구들까지 함께 찾아오는 열린 공간이 되었다. 평일에 교회를 찾던 학생들은 주말이 되면 친구들과 약속을 잡고 놀기 전에 교회에 들러 예배를 드렸다. 예배를 드리면 점심까지 제공되니, 교회는 자연스럽게 만남의 거점이 되었다.

그렇게 개척 후 6개월이 지나 봄이 되자, 날도 따뜻해지며 교회에 모이는 학생들도 눈에 띄게 늘어나기 시작했다. 이것은 교회가 크고 넓어서도, 체계적인 사역 시스템을 갖추어서도 아니었다. 학생들이 편히 쉬고 머물 수 있는 위치와 환경이 조성되어 있었기 때문에 가능했던 일이었다.

오늘날 많은 한국교회가 다음세대의 감소를 이야기한다. 그러나 나는 그 원인이 단순히 출산율 저하로 인한 학령인구 감소에만 있지 않다고 생각한다. 다음세대의 중요성은 끊임없이 외치면서도, 정작 다음세대인 학생들이 편안히 머물 수 있는 공간을 충분히 마련하지 못하고, 다음세대들이 교회를 편하게 생각하지 못하게 한 것에 이유가 있는 것은 아닐까?

나 또한 개척 이전 여러 교회에서 사역하며 늘 학생들을 위한 공간과 배려가 부족하다는 아쉬움을 느꼈다. 그래서 학생들이 편히 쉬고, 놀고, 머물 수 있는 교회를 개척하고 싶었다. 교회가 부담이 아닌 쉼의 공간이 될 때 학생들은 자연스럽게 교회를 찾게 될 것이라는 확신이 있었기 때문이다.

개척 후 6개월이 지나 봄이 찾아왔다. 날씨가 따뜻해지자, 더 많은 학생이 교회로 놀러 오기 시작했고, 그 발걸음은 자연스럽게 주일 아침 예배로 이어졌다. 다섯 평밖에 되지 않는 작은 공간에 학생들이 하나둘 모이더니, 어느새 30명에 이르렀다. 교회 안은 발 디딜 틈이 없었고, 점심시간이 되면 일부 학생들은 밖에서 식사하거나 자리가 날 때까지 기다려야 할 정도였다. 많은 사역자가 "어떻게 이런 일이 가능하냐?"라고 물을 때마다, 나는 늘 이렇게 대답하곤 했다. "아이들과 함께 먹습니다."

이러한 성장이 일시적인 현상일 수도 있었겠지만, 그때 함께 밥을 먹었던 학생들 가운데 지금까지 남아 교회의 중직을 맡고 있는 성도들도 있다는 사실은, '함께 먹는 사역'이 교회학교와 한국교회의 미래에 있어 매우 중요한 사역임을 분명히 보여 준다. 그래서 나는 그때나 지금이나 학생들을 만날 때마다 습관처럼 묻는다. "배고파? 뭐 먹을래?"

학생들에게 음식을 제공하는 사역은 재정적으로 부담을 동반한다. 그러나 학생들이 '먹으러라도' 교회에 올 수 있는 동기가 된다면 충분히 가치 있는 일이라고 생각한다. 무엇보다 첫째로, 학생들은 음식을 나누는 자리에서 마음을 연다. 다음세대를 위한 교회의 모든 사역은 '먹이는 것'에서 시작될 때 가장 효과적이다. 함께 음식을 먹으며 시간을 보내는 가운데 자연스럽게 신뢰가 형성된다. 물론 처음 만난 학생들이 곧바로 마음을 여는 것은 아니다. 그래서 나는 처음 만난 학생에게는 권하지 않지만, 모퉁이돌교회에 한 번이라도 예배드리거나 놀러 온 경험이 있는 학생이라면 반드시 물어보고 함께 맛있는 것을 나눈다. 그렇게 관계는 서서히 깊어진다.

둘째로, 먹이는 사역은 전도와도 연결된다. 혼자 다니는 학생들도 있지만 대부분 친구와 함께 다닌다. 내가 관계를 맺고 있는 학생 성도들에게 먹을 것을 사 주면, 옆에 있는 친구 역시 말없이 그 자리를 함께하며 마음을 조금씩 연다. 그래서 "나중에 한 번 교회에 놀러와"라는 말을 덧붙이며 함께 먹을 것을 나눈다. 그 과정에서 자연스럽게 교회와 내가 목사라는 것을 소개할 수 있다. 무엇보다 강압적이지 않은 방식으로 복음을 전할 수 있게 된다.

한 번은 초등학교 4학년 학생 한 명을 2~3개월 동안 열 번이 넘게 만난 적이 있다. 만날 때마다 나는 늘 같은 말을 건넸다. "배고파? 뭐 먹을래?" 나는 단 한 번도 먼저 교회 이야기를 꺼내지 않았다. 그 아이는 이미 내가 목사라는 사실을 알고 있었기에, 내가 먼저 교회에 오라고 말한다면 목적을 가진 친절처럼 느껴질 수 있다고 생각했기 때문이다. 그러던 어느 날, 함께 군것질하러 들어간 편의점에서 그 아이가 먼저 물었다.

"왜 저에게 이렇게 잘해주세요?"

순간 나는 하나님께서 주신 복음을 전할 기회임을 느꼈고, 아이에게 솔직하게 말했다.

"목사님은 네가, 목사님이 믿는 예수님을 믿었으면 좋겠고, 모퉁이돌교회에서 예배했으면 좋겠어."

아이의 반응은 뜻밖이었다.

"그럼, 예수님 믿으려면 예배드리면 되는 거예요?"

그 아이는 다음 주부터 교회학교 예배에 나오기 시작했고, 더 놀라운 것은 혼자가 아니라 친동생까지 데리고 교회에 나왔다는 것이다. 왜 예수님께서 빈 들에 모인 무리를 그냥 돌려보내지 않으시고 먹이기를 원하셨는지는, 신약성경에 기록된 오병이어 사건을 통해 분명히 알 수 있다. 제자들은 식사 시간이 되자 사람들을 돌려보내자고 했지만, 예수님의 마음은 달랐다. 예수님은 그들을 먹이고자 하셨다.

이는 단순한 육체의 배고픔을 채우는 일이 아니라, 영혼을 향한 깊은 사랑이었다. 오병이어의 기적 이후 예수님의 인기가 더욱 높아져 백성들이 예수님을 세상의 왕으로 삼으려 했던 것은 이스라엘 백성들의 오해 때문이었지만, 이 사건을 통해 우리는 사역의 출발점이 '먹이는 것'이었음을 분명히 알게 된다.

나 역시 어린 시절 교회에서 많은 사랑을 '먹는 경험'으로 받았다. 고등학생 시절 토요일마다 전도사님과 함께 주일 예배를 준비하며 라면을 끓여 먹던 기억이 아직도 선명하다. 그 덕분에 교회는 언제나 배고프지 않은 곳이었고, 자연스럽게 머물고 싶은 공간이 되었다. 그래서 나는 모퉁이돌교회에 오는 학생과 성도들에게 "교회에 오면 절대 배고프지 않다"라는 것을 꼭 경험하게 해 주고 싶었다.

이러한 마음으로 모퉁이돌교회를 개척한 이후 지난 10년 동안 참 많은 학생을 먹였다. 사람들은 종종 묻는다.

"그렇게 먹인 학생들이 모두 교회에 남아 신앙이 성장했나요?"

그 질문에 나는 솔직히 대답한다. "아니요." 먹이는 사역만으로 모든 학생의 신앙이 자라는 데에는 분명 한계가 있다. 그래서 이 사역은 때로 무모해 보이기도 하고, 재정을 낭비하는 일로 여길 수도 있다. 그런데도 지금까지 교회의 중직으로 세워져 함께 가는 성도들을 떠올려 보면, 함께 먹는 사역은 교회학교와 한국교회의 다음세대를 세우는 데 있어 결코 가볍게 여길 수 없는, 매우 중요한 사역임을 확신하게 된다.

교회에 오는 이유는 매우 다양하다. 교회에 오면 배고플 걱정을 덜 수 있어서 오는 학생도 있고, 심심해서 오는 학생도 있으며, 잠시 쉬어 가기 위해 들르는 학생도 있다.

그러나 다섯 평 작은 교회임에도 불구하고 학생들이 계속해서 모퉁이돌교회를 찾는 가장 큰 이유는, 그 어떤 조건보다도 "사람이 좋아서"였다. 그중에서도 가장 큰 영향력을 가진 사람은 단연 공동체의 리더인 담임목사였다.

모퉁이돌교회를 개척했을 때, 작은 문을 열고 들어왔던 지금의 최민석 집사와 장은서 성도는 많은 성도 가운데서도 유독 나를 가장 따르고 좋아하는 학생들이었다. 개척 후 10년이 지난 지금, 이 둘은 모퉁이돌교회의 중직으로 세워졌다. 최민석 집사는 2024년 3월 아내인 전예지 집사와 함께 집사로 임명받았고, 장은서 성도는 개척 10년 동안 다음세대를 위해서 교사로 헌신해 온 공로를 인정받아 10년 교사상을 받았다.

이 둘은 모퉁이돌교회의 시작을 함께한 역사이자 산증인이다. 그러나 이들만이 아니다. 개척 후 한 달쯤 지났을 때, 조민식이라는 학생이 교회에 찾아왔다. 예배를 잘 드리고 있는지 궁금해 연락해 보았더니, 예상대로 교회에 나가지 않고 있었다. 그래서 나는 "너 그렇게

주일예배 후 점심을 먹는 다섯 평, 모퉁이돌교회 성도들의 모습

신앙생활 마음대로 하려면 모퉁이돌교회로 와!"라고 함께할 것을 먼저 제안하였고, 다음 주부터 조민식 성도는 모퉁이돌교회에 나와 예배드리기 시작했다.

2024년 5월, 유승현 목사가 운영하는 유튜브 채널 〈유목민 이야기〉에서 모퉁이돌교회를 탐방하러 방문하였다. 교회를 둘러보고 성도들을 인터뷰하며 "어떻게 모퉁이돌교회에 오게 되었어요?"라는 질문을 던졌는데, 개척 멤버였던 청년 성도들의 대답은 매우 인상적이었다. "맛있는 것 사주고 이야기도 잘 들어주는 목사님이 좋아서 교회에 오게 되었다." "교회에 오랜만에 와도 반갑게 맞이해주는 목사님이 좋아서 계속 오게 되었다." "목사님을 만나서 하나님을 알게 되었고, 하나님을 알게 되면서부터 자신의 삶도 바뀌어 계속 예배의 자리로 나온다"라고 말하였다.

이들의 고백을 종합해 보면, 어린 시절 맛있는 것을 함께 나누고 관심을 기울여 주던 경험, 그리고 동네에서 가까이 지내며 자연스럽게 말씀을 듣게 된 시간이 쌓여 예배로 이어졌고, 그 신앙의 여정 가운데 하나님을 인격적으로 만나는 결정적인 순간을 경험하게 되었다는 것이다.

교회는 결국 사람이 모이는 공동체이다. 그렇기에 교회를 개척하면서 사람의 역할이 얼마나 중요한지 절실히 깨닫게 되었다. 한 사람, 한 사람을 세심하게 돌보는 일은 절대 쉽지 않지만, 그것이 교회를 살리고 결국 부흥으로 이끄는 길임은 분명하다. 특히 주목할 점은, 개척 멤버였던 학생들은 교회의 시설이나 규모를 보고 온 것이 아니라 사람을 보고 교회에 왔다는 사실이다.

학생들은 나이가 어릴수록 정답보다 '좋아하는 사람'의 말을 따른다. 이는 사람을 통해 교회가 부흥할 수도 있지만, 반대로 사람 때문에 교회가 어려움에 부닥칠 수도 있음을 의미한다. 개척 10년이 지난 지금도 많은 다음세대 아이들이 교회에서 운영하는 아지트에 놀러 왔다가 예배의 자리로 이어진다. 중요한 점은, 이 과정에서 아이들이 처음 만나는 교회 사람이, 바로 함께 놀아주는 아지트 지킴이 선생님들이라는 사실이다. 자신을 진심으로 좋아해 주는 선생님들을 통해 아이들은 자연스럽게 복음을 접하게 된다. 이처럼 교회에서 사람의 역할은 무엇보다 중요하다.

그래서 모퉁이돌교회는 단순히 사람을 '모으는' 교회가 아니라, 모인 사람들을 '살리는' 교회가 되고자 했다. 사람이 살아야 더 많은 사람이 살아나고, 그렇게 교회는 사람을 통해 부흥하며, 모인 사람은 결국 제자로 세워지기 때문이다. 오늘날 우리는 스스로에게 물어야 한다. 우리는 성도들을 어떤 모습으로 대하고 있는가? 그리고 교회로 찾아오는 사람들을 과연 어떻게 맞이하고 있는가?

# 교회
# 사역의
# 실제

모퉁이돌교회의 교회학교 사역은 모든 조건과 환경이 충분히 갖추어진 상태에서 시작된 사역이 아니었다. 그것은 하나님의 인도하심에 순종하며 내디딘, 매우 작고 연약한 첫 발걸음에서 시작되었다. 사람의 눈으로 보자면 도무지 시작할 수 없는 상황이었지만, 하나님께서는 바로 그 부족함 가운데서 다음세대를 맡기셨고, 그들을 통해서 교회를 세워 가셨다. 모퉁이돌교회의 이야기는 특정 교회만의 특별한 사례가 아니다. 오히려 오늘날 수많은 개척 교회가 마주하고 있는 현실을 보여 주는 하나의 증언이라 할 수 있다. 환경이 갖추어질 때까지 기다리는 방식이 아니라, 하나님께서 이미 주시는 것에 기쁨으로 감사하며 그 사명에 먼저 응답할 때 비로소 사역의 길이 열렸음을 경험을 통해 고백한다.

다음세대 사역은 여건이 충분할 때 선택할 수 있는 부가적인 옵션이 아니다. 그것은 교회의 상황과 규모를 초월한, 교회의 본질적인 사명이다. 비록 아이들의 수가 적고 공간이 넉넉하지 않다고 할지라도, 하나님께서 맡기신 한 영혼을 향한 순종이 있을 때 교회학교는 시작될 수 있다. 이 장에 기록된 모퉁이돌교회의 여정이 누군가에게는 "지금 여기서 시작하라"는 하나님의 부르심으로 들리기를 소망한다. 하나님께서 세우시는 교회는 사람의 계획이 아니라 순종함으로 시작되기 때문이다.

# 1. 교회학교 사역을 시작하다

모퉁이돌교회 교회학교 사역은 목사가 아니라 초등학교 2학년 아이로부터 시작되어 태권도장 관장님의 기도 제목으로 결실을 보았다고 할 수 있다. 개척 교회는 늘 인력도, 재정도 부족하지만 그럼에도 하나님께서는 필요한 만큼을 채우셨다. 그렇기에 "어떻게 시작해야 할까"를 먼저 고민하기보다, 하나님께서 동행하시고 이끌어 가신다는 것을 믿고 나아가기를 권하고 싶다.

모퉁이돌교회 교회학교의 시작 또한 치밀한 계획이나 충분한 준비에서 비롯된 것이 아니었다. 다만 아이들을 향한 필요 앞에서, 할 수 있는 사람들이 그 자리에 있었고, 서툴지만 순종으로 한 걸음을 내디뎠을 뿐이었다. 신앙의 연수가 길지 않았던 대학생 교사들, 모든 것이 처음이었던 담임 전도사, 그리고 작은 공간에서 드려졌던 예배가 모여 오늘의 교회학교를 이루었다.

천안시 용곡동 독수리체육관에서 시작된 그 작은 헌신은 시간이 흐르면서 사람을 세우고 공동체를 성장시키는 씨앗이 되었다. 교회학교는 누군가의 탁월한 능력으로 세워진 것이 아니라, 부족함 속에서도 하나님을 신뢰하며 맡겨진 자리를 지켜낸 순종의 열매였다.

그리고 바로 이 정신은 지금까지도 모퉁이돌교회 교회학교의 가장 중요한 정체성으로 이어지고 있다. 앞으로도 모퉁이돌교회 교회학교는 완벽함이 아니라 헌신으로, 경험이 아니라 믿음으로 다음세대를 품어 갈 것이다. 처음 그 자리에서 시작된 작은 순종처럼, 하나님께서 또 어떤 일을 이루실지 기대하며 우리는 오늘도 한 걸음 발을 내디딘다.

## | 복음 전도 |

교회를 개척하였지만, 다섯 평 작은 공간에 어른들은 찾아오지 않았다. 예배를 드리기 위해 잠시 교회에 온 어른들은 있었다. 하나님의 은혜로 다섯 평 남짓한 공간을 얻었지만, 성인 성도들을 수용하기에는 턱없이 부족한 환경이었기에 성인 성도들의 출석이 지속되기는 어려웠다. 성도 대부분이 학생이므로 목회하며 받을 수 있는 사례비 또한 전혀 없었다. 그러나 나에게는 지켜야 할 가정이 있었고, 가정을 유지하기 위해서도, 교회를 섬기기 위해서도 재정은 필요했다. 결국 직장을 구할 수밖에 없었고, 개척 후 구한 첫 직장은 독수리체육관이 되었다. 감사하게도 체육관을 운영하시는 관장님과 사모님 모두 크리스천이셨기에, 많은 배려와 이해 속에 사범으로서의 사역을 함께 감당할 수 있었다. 어느 날 태권도장에서 아이들을 가르치던 중 하나님께서 내 마음에 한 질문을 하셨다.

"용석아, 왜 이 아이들에게는 복음을 전하지 않니?"

그것은 하나님의 음성이었다. 체육관을 운영하는 관장님이 크리스천이었지만 내가 태권도장에서 수련하는 학생들에게 신앙을 드러내는 데에는 분명한 한계가 있었다. 왜냐하면 다수의 아이들을 대상으로 교육하는 태권도장에서 종교색을 드러낸다는 것이 관장님의 사업장에 방해가 되는 것이 아닐까 하는 조심스러운 생각이 들었기 때문이다. 그래서 나는 체육관에서 일하는 동안 한 번도 아이들에게 복음을 전할 수가 없었다. 그것은 분명 하나님께서 주신 영혼을 향한 마음이었지만, 동시에 내 안에 깊은 갈등을 불러일으켰다.

그러나 그 갈등은 오래가지 않았다. 돌이켜보면, 내가 느꼈던 조심스러움은 사업장을 운영하는 관장님의 입장을 고려한, 어쩌면 당연한 판단이었을지도 모른다. 그러나 지금까지 나와 교회를 지켜 주신 하나님께서 앞으로도 나와 관장님, 그리고 독수리체육관을 지켜 주실 것이라는 확신이 마음에 자리 잡았다. 나는 태권도를 배우러 오는 아이들에게 담대히 복음을 전하기로 결단했다.



이중직이라는 개념을 이해하기에는 아직 너무 어렸던 초등학교 2학년 한 아이가, 나의 첫 전도 대상자였다. 아이는 놀라울 만큼 쉽게 복음을 받아들였고, 오히려 예수님을 믿기 위해 모퉁이돌교회에 어떻게 가야 하느냐고 나에게 묻기까지 했다. 그러나 모퉁이돌교회는 체육관에서 버스를 타고 20분이나 걸리는 거리였고, 초등학교 2학년 아이가 혼자 오기에는 현실적으로 어려운 길이었다. 어떻게 해야 할지 고민하던 그때, 아이는 내가 전혀 예상하지 못한 말을 꺼냈다.



아이들은 참 단순하다. 그러나 그 단순함 속에는 어른들이 잃어버린 순수함이 담겨 있기에 더욱 귀하고 소중한 존재다. 나는 교회가 부흥하기 위해서는 무엇보다 아이들을 귀하게 여겨야 한다고 확신한다. 교회는 아이들을 사랑하고, 아끼고, 환대하는 공동체가 되어야 한다. "어떻게 하면 하나님을 기쁘게 할 수 있을까?"라는 마음으로 길에 나가 무작정 복음을 외치던 나 역시, 복음을 받아들인 아이가 교회가 멀어 올 수 없다는 현실 앞에서 마음으로만 안타까워하고 있었다.

그러나 아이는 나와 전혀 다른 시선으로 상황을 바라보고 있었다. 내가 복음을 길게 설명한 것도 아니었다. 그저 "사범님이 사실 전도사님인데, 예수님 소개해 줄까?"라는 한마디에 아이는 예수님을 믿고 싶다고 고백했고, 복음을 더 알고 싶다며 자신이 올 수 있는 곳, 집에서 가까운 체육관에서 예배드리자고 오히려 먼저 제안했다.

모퉁이돌교회 교회학교는 그렇게 한 아이의 순수한 제안을 통해 시작되었다. 모퉁이돌교회 교회학교가 초등학교 2학년 아이의 제안으로 시작 되었다는 사실은 매우 의미 있는 일이다. 성경을 보면 예수님도 아이들을 얼마나 귀하게 여기셨는지가 곳곳에 나온다. 마가복음 10장의 한 장면을 보면 제자들은 예수님께 가까이 오는 아이들을 귀찮게 여기며 막아서지만, 예수님은 오히려 그 모습을 보시고 노하시며 이렇게 말씀하셨다.

"어린아이들이 내게 오는 것을 용납하고 금하지 말라 하나님의 나라가 이런 자의 것 이니라"(막 10:14)

또한 보리떡 다섯 개와 물고기 두 마리를 가지고 5,000 명을 먹이신 오병이어 사건에서도, 예수님은 한 아이를 통해서 기적을 일으키심으로 아이들을 향한 사랑을 분명히 드러내 보이셨다. 나 역시 전혀 예상하지 못했지만, 하나님께서는 한 어린아이를 통해 내가 서 있는 그 자리가 하나님의 계획이 있는 자리임을 깨닫게 하셨다. 그리고 내가 있는 곳이 어디든 그곳이 곧 교회가 될 수 있다는 것을 한 아이를 통해서 깨닫게 하셨다. 그렇게 모퉁이돌교회 교회학교는 하나님의 인도하심 가운데 한 어린아이를 통해서 시작되었다.

## | 관장님의 고백 |

"체육관에서 예배드리자고?"

나는 아이의 제안을 듣고 놀라지 않을 수 없었다. 분명 좋은 생각이었지만, 체육관은 수익이 발생해야 하는 사업장이었기에 현실적으로는 어려울 것이라 여겨졌다. 그러나 곰곰이 생각해 보니 주일에는 체육관 문을 열지 않기에 가능할 수도 있겠다는 생각이 들었다. 나는 잠시 짧은 기도를 드린 후 관장님을 찾아가 조심스럽게 말을 꺼냈다.

"관장님, 드릴 말씀이 있습니다."

나는 방금 관원인 아이에게 복음을 전하게 된 이야기와 그 아이가 체육관에서 예배드리자고 제안한 이야기를 그대로 전했다. 사실 수

익을 목적으로 운영되는 사업장에서 종교색을 드러내는 일은 결코 쉬운 일이 아니다. 더욱이 아이를 전도했다는 사실이 부모에게 알려질 경우, 체육관 운영에 피해가 갈 수도 있는 상황이었다. 크리스천이라 할지라도 사업을 책임지고 있는 관장님으로서는 충분히 난색을 보일 수 있는 나의 제안이었다. 그리고 관장님이 나를 바라보시며 말씀하시던 그 순간을 나는 지금도 생생히 기억한다.

"전도사님, 제 10년 기도 제목이 바로 독수리체육관이 교회가 되는 것이었습니다."

관장님은 태권도장이 하나님께 예배드리는 공간이 되는 것이 자신의 오랜 기도 제목이었으며, 오늘 하나님께서 나를 통해 그 기도를 이루어 주셨다고 기뻐하셨다. 그리고 주일에 태권도장에서 예배드리는 것을 기꺼이 허락하시며 체육관 열쇠를 내 손에 맡겨 주셨다. 그때 내 마음에 한 말씀이 떠올랐다.

"또 내가 네게 이르노니 너는 베드로라 내가 이 반석 위에 내 교회를 세우리니 음부의 권세가 이기지 못하리라. 내가 천국 열쇠를 네게 주리니 네가 땅에서 무엇이든지 매면 하늘에서도 매일 것이요 네가 땅에서 무엇이든지 풀면 하늘에서도 풀리리라 하시고"(마 16:18-19)

능력 없던 베드로에게 천국의 열쇠를 맡기셨던 하나님께서, 그날 능력 없는 나에게도 천국의 열쇠를 맡기시는 것만 같았다. 그래서 나는 그때의 순간을 지금까지도 잊지 못한다.

관장님과 사모님께 400번째 예배 기념 감사패 전달식

관장님과 사모님은 모퉁이돌교회가 세워지는 과정에서 참으로 감사한 분들이시다. 독수리체육관에서 교회학교가 시작되면서 많은 학생이 복음을 들었고, 그 아이들은 교회로 연결되었으며, 그중 몇 아이들은 모퉁이돌교회의 청년들로 자라났다. 만일 이 두 분의 헌신과 결단이 없었다면 모퉁이돌교회가 오늘의 모습으로 세워지기는 어려웠을 것이다.

관장님의 고백을 시작으로 모퉁이돌교회의 첫 교회학교 사역이 본격적으로 열렸다. 독수리체육관에는 아이들이 모이기 시작했고, 그 공간을 통해 아이들에게 복음이 자연스럽게 흘러 들어갔다.

교회학교 사역을 감당하며 분명히 깨달은 것은, 나의 노력보다 하나님의 인도하심과 귀한 동역자들의 도우심이 훨씬 컸다는 사실이었다. 내 힘으로 이루는 일이 아니라 주님의 도우심으로 온전히 이루어지는 사역, 그래서 우리는 그것을 은혜라고 고백하는지도 모른다. 사범으로 일하기 위해 면접을 보던 당시부터 관장님은 내가 사역자임을 알고 계셨고, 모든 사역 일정에 대해 기꺼이 이해하며 배려해 주셨다.

한때는 여름 수련회와 집회 일정으로 체육관에 거의 출근하지 못했던 시기도 있었다. 한 달의 근무 기간 스무날 중 고작 일주일만 출근했던 그때, 나는 죄송한 마음에 7월 한 달의 월급을 받을 생각조차 하지 않았다. 그래서 월급날에도 아무런 기대가 없었다. 그런데 통장에 월급이 입금되었다. 사범으로 한 달의 근무일을 채우지도 못했음에도 급여는 조금의 부족함도 없이 온전히 채워져 있는 것을 보고 놀라지 않을 수 없었다. 너무나도 죄송하고 감사한 마음에 나는 곧바로 사모님께 전화를 드렸다. 월급이 입금되었는데 그 금액이 너무 크다는 나의 말에 사모님은 이렇게 대답하셨다.

"전도사님, 하나님의 일을 감당하셨잖아요. 저희도 하나님의 일을 함께 감당하겠습니다."

그 짧은 한마디의 격려를 통해 하나님께서는 모퉁이돌교회와 함께하고 계심을 다시 한 번 보여 주셨다. 이 모든 영광을 하나님께 올려 드린다. 나는 이 두 분을 보면 사도바울과 동역했던 브리스길라와 아굴라 부부가 떠오른다.

"너희는 그리스도 예수 안에서 나의 동역자들인 브리스길라와 아굴라에게 문안하라 그들은 내 목숨을 위하여 자기들의 목까지도 내놓았나니 나뿐 아니라 이방인의 모든 교회도 그들에게 감사하느니라."(롬 16:3~4)

고린도에서 바울을 만나 섬겼던 이 부부는, 한 사람의 사역자만이 아니라 하나님의 나라와 여러 교회를 위해 헌신한 귀한 동역자들이었다. 관장님과 사모님의 헌신과 사랑은 바로 그 모습과 똑 닮았다. 모퉁이돌교회 교회학교는 그렇게 시작되었고, 하나님께서는 그 여정 속에서 든든한 동역자들까지 함께 허락해 주셨다.

용인대 독수리 태권도장에 붙은 모퉁이돌교회 시트지

독수리체육관에서 교회학교가 시작되자 놀라운 일이 일어났다. 주일에 체육관에 와서 예배를 드리지 못했던 학생들이, 월요일이 되면 독수리체육관에 와서 스스로 자신이 교회에 나오지 못한 이유를 이야기하기 시작했다. 내가 "왜 교회에 못 왔어?"라고 묻지도 않았는데, 누가 먼저랄 것도 없이 아이들은 사범인 나에게 주말 동안 있었던 자신의 이야기를 스스럼없이 털어놓곤 했다.

예배와는 전혀 상관없이 살아가던 아이들이, 단지 '체육관에서 주일에 예배가 드려진다'라는 사실을 알고 있었을 뿐인데도, 이제는 그 자리에 함께하지 못한 이유를 스스로 설명하며 말하고 있다. 이는 참으로 놀라운 변화였다. 그 모습을 보며 나는 하나님께 지혜를 구했다.

그때 문득 한 가지 생각이 떠올랐다. 주일 다음 날인 월요일 오후 3시, 쉬는 시간 30분 동안 탈의실에 모여 예배드리는 것이었다. 주일에 예배드리지 못했거나, 부모님의 반대로 예배에 참석하지 못했던 아이들이 쉬는 시간이 되자 하나둘 탈의실로 모이기 시작했다. 그 작은 공간에서 찬송이 울려 퍼지고 말씀이 선포되었으며, 말씀 암송도 이루어졌다. 그것은 마치 처음 체육관에서 예배가 시작되던 순간처럼, 시간과 공간을 초월한 예배의 현장이었다.

처음에는 한두 명이 모이던 예배였지만, 시간이 지나면서 독수리체육관에 다니던 아이들 대부분이 그 자리에 참석하게 되었다. 나는 모퉁이돌교회의 담임목사로서 그 아이들 한 사람 한 사람을 단순한 관원이 아니라, 하나님 앞에 서 있는 한 명의 성도로 존중하기로 결단했다. 이후 매주 월요일 오후 3시, 우리는 탈의실에 모여 예배드렸고, 그 예배를 자연스럽게 '탈의실 예배'라 부르게 되었다.

시간이 흐르면서 탈의실 예배는 점차 사라졌다. 더 이상 탈의실에서 예배드릴 필요가 없을 만큼, 독수리체육관에 다니던 많은 아이가 주일 예배의 자리로 나오기 시작했기 때문이다. 누가 탈의실에서 예배드리게 될 것이라고 상상이나 했겠는가? 그러나 하나님은 그 시간과 공간 속에서도 분명히 일하고 계셨고, 우리는 그 부르심에 순종하여 탈의실에 모여 예배드렸을 뿐이다.

많은 개척 교회가 예배 공간의 부재로 어려움을 겪는다. 재정이 넉넉하지 않기에 예배당을 임대하는 일조차 쉽지 않다. 모퉁이돌교회의 시작 또한 그러했다. 물론 이것이 모든 교회가 따라야 할 정답이라고 말하고 싶은 것은 아니다. 그러나 분명한 사실은, 상황과 환경을 초월하여 역사하시는 하나님을 신뢰하며 한 영혼을 향한 사랑의 마음으로 모여 예배할 때, 그곳이 어디든 하나님의 나라가 임하며 참된 교회가 된다는 것이다. 불과 한 평 남짓한 작은 탈의실에서 드려진 예배, 그 현장은 분명 하나님이 함께하시는 진정한 교회의 모습이었다.

## | 모퉁이돌 FC |

어느 토요일, 천안에 있는 한 교회에서 모퉁이돌교회와 축구 시합을 하고 싶다고 연락이 왔다. 그 무렵은 독수리체육관에서 복음을 전하고 탈의실 예배까지 진행되면서, 유초등부 아이들이 30명도 넘게 모이던 때였다. 운동을 좋아하는 아이들이 많았던 모퉁이돌 교회학교는 망설일 이유가 없었고, 가벼운 마음으로 응했다. 그렇게 우리는 어느 토요일 천안의 한 풋살장에서 그 교회와 축구 시합을 하게 되었다.

우리에게 시합을 요청한 그 교회는 축구팀을 운영하고 있었고, 멋진 유니폼을 갖춰 입고 나왔다. 체격도 우리 아이들보다 훨씬 커 보였다. 반면 모퉁이돌교회 아이들은 유니폼이 없어서 팀 조끼를 입고 시합을 해야 했다. 담임목사였던 나는 아이들이 이겨 주길 바라는 마음에, 무심코 이렇게 말해 버렸다.

"오늘 이기면 모퉁이돌 FC 만들어 줄게!!"

오랜 기간 연습을 해온 상대 교회 축구팀이 이길 줄 알았던 나는 경기가 시작되자 적잖은 혼란에 빠지게 되었다. 모퉁이돌 교회학교 학생들이 생각보다 훨씬 축구를 잘하는 것이었다. 그저 좋은 추억을 만들어 주기 위해서 기대하지 않고 나간 친선 시합에서 아이들은 기대 이상으로 진지했고, 온 힘을 다해 운동장을 누볐다. 그 얼굴에는 즐거움과 기쁨이 가득했고, 그 모습을 바라보는 나 역시 더없이 행복했다. 경기 결과는 2대 1 패배였다. 비록 졌지만, 예상보다 선전한 아이들에게 나는 한마디 했다.

"목사님이 축구팀 만들어 줄게!"

그렇게 모퉁이돌 FC가 탄생했다. 모퉁이돌 FC는 2017년에 창단되어 코로나19가 전 세계를 덮치기 전까지 열심히 활동했다. 작은 규모의 대회였지만, 교회 축구대회에 2년 연속으로 출전도 하고, 지역의 여러 교회와 축구로 교류했다. 무엇보다 여느 축구교실처럼 매주 주일 오후 2시에 실내 축구장을 대여해 정기적으로 훈련을 진행했는데, 그 모든 과정은 한 청년의 헌신 덕분에 가능했다. 그는 모퉁이돌 FC가 훈련할 수 있도록 1년 동안 축구장 대여를 기꺼이 감당해 주었다. 그리고 모퉁이돌 FC의 코치가 되어 아이들의 훈련을 매주 담당해 준 청년들의 헌신이 있었기에 가능한 일이었다.

지금은 모퉁이돌 FC가 존재하지 않고 함께 축구하던 학생들 역시 대부분 교회를 떠났다. 누군가는 남아 있지 않은 아이들을 보며 모퉁이돌교회의 수고가 헛되다고 말할지도 모른다. 그러나 나는 그렇게 생각하지 않는다. 3년 동안 운영된 모퉁이돌 FC를 통해, 교회는 믿지 않는 부모들과 가정에 교회가 얼마나 아이들을 사랑하고 아끼는지를 분명히 보여 주었다. 비록 짧은 시간이었지만, 함께 축구할 때 기도로 시작하고, 주일에 예배드리며 함께한 시간은 분명히 아이들의 기억 속에 좋은 추억으로 남아 있을 것이다. 그 추억과 우리의 노력이 어떤 열매로 이어질지는 알 수 없다. 그러나 복음을 전하기 위해서 노력했던 그 3년의 세월은 모퉁이돌교회의 자랑이 된 일이자, 감사한 시간이었다. 아직도 잊히지 않는 한 고백이 있다. 모퉁이돌교회를 통해 함께 예배드리며 모퉁이돌 FC 활동을 하고 중학교에 입학한 한 아이의 어머니께서 해준 말이다.

"저희 아이는 독수리체육관 관장님과 목사님께서 다 키워주셨죠. 감

사합니다. 목사님."

그 한마디면 충분히 감사하다.

모퉁이돌 FC 연습 모습

## 교회학교 교사 구성

**용곡동 시절**

첫 번째 교회학교 사역은 천안시 서북구 용곡동에 위치한 용인대 독수리체육관에서 시작되었다. 학생들뿐인 개척 교회에 갑자기 교회학교가 생기면서 아이들을 돌보고 가르칠 교사들이 필요했다. 첫

교사들은 용곡동 인근에 거주하던 두 명의 대학생이었다. 두 명 모두 교회에 출석하고 예수님을 믿은 지 얼마 되지 않았지만, 집이 체육관과 가깝다는 이유만으로 첫 교회학교 교사로 세워져 아이들과 함께 예배했다. 교사가 된 대학생 성도들은 아이들을 가르쳐야 한다는 이유만으로 목사님과 성경을 공부하기 시작했다.

담임전도사였던 나 역시 교회학교 사역을 처음 맡으며 모든 것이 낯설기만 했다. 청년 교사들과 나 모두 서툴렀다. 그러나 지금 돌아보면, 그때의 미숙함 속에서도 기꺼이 내디딘 헌신이라는 순종함이 있었기에 오늘의 모퉁이돌교회 교회학교가 존재한다고 믿는다. 용곡동 시절, 교회학교 교사는 모두 네 명이었고, 그들의 작은 순종이 교회학교 사역의 첫 기초가 되었다.

### 성황동 시절

두 번째 교회학교 장소였던 천안시 동남구 성황동 시기에는 모퉁이돌교회 청년 성도들이 한층 더 성장해 있었다. 특히 다섯 평 남짓한 신부동 시절에 세워졌던 운영위원회는 성황동으로 옮겨 오며 신앙적으로 더욱 성숙해졌다. 또한 2015년 1월에 태어난 둘째가 어느 정도 자라면서 아내 유혜미 사모 역시 교회학교 사역을 위해 헌신하며 봉사하게 되었다. 성황동 시절에는 교회학교 전도사도 함께 사역했으며, 교사들 역시 3년 이상 훈련과 교육을 받으며 성장해 가고 있었다.

여전히 우리는 어리고 서툴렀지만, 아이들을 사랑하고 그들을 가르치고자 하는 열정만큼은 어느 교회에 뒤지지 않을 정도로 성장해 있었다. 이 시기 성황동에서 섬기던 교회학교 교사는 모두 여덟 명이었으며, 각자의 자리에서 다음세대를 향한 사명을 기쁨으로 감당했다.

**문화동 시절**

세 번째 교회학교 장소인 천안시 동남구 문화동은 현재 모퉁이돌교회가 자리한 곳이다. 문화동으로 이전하는 과정에서 여러 우여곡절을 겪으며, 교회학교 전도사 두 분의 자리가 한동안 공석이 되었다. 그러나 성장한 청년 성도들 가운데 전예지 집사를 중심으로 평신도들이 중고등부 학생들로 구성된 YOUTH 부서 사역을 맡아 섬기고 있으며, 초등학교로 구성된 KIDS 부서는 유혜미 사모가 담당하면서 동시에 교육부장으로서 청년 교사들의 성경 공부를 책임지고 교육하고 있다.

현재 교회학교 교사는 총 열 명이다. 모퉁이돌교회는 8년 또는 10년 동안 헌신한 교사들에게 6개월간의 안식월을 허락하고 있다. 10년간 교사로 섬긴 장은서 성도와 8년간 교사로 섬긴 최민석 성도가 안식월을 받아 쉼을 얻은 후 다시 교회학교 교사의 자리에 복귀했다.

## 용곡동 시절

첫 번째 교회학교 사역은 천안시 서북구 용곡동 용인대 독수리체육관에서 시작되었다. 사범으로 이중직을 겸하기도 한 이곳은 모퉁이돌교회 교회학교가 시작되었던 은혜의 장소이다. 이곳으로 나는 매일 출근했다. 그러므로 매일 아이들을 만날 수 있었고 쉽게 친해질 수 있었다. 체육관에 수련하러 나오는 아이들에게 자연스럽게 복음을 전할 수 있었던 것은 관장님과 사모님의 배려 덕분이었다. 체육관 운영에 손해가 될 수 있는 상황이었음에도 두 분은 복음을 전할 수 있도록 기꺼이 허락해 주셨다. 그 배려 속에서 이중직을 겸하면서도 아이들을 만나 복음을 전하는 사역을 할 수 있었다.

매일 아이들을 만나면서 복음을 전했고, 쉬는 시간이면 운동을 마친 아이들을 데리고 옆 슈퍼로 가서 항상 아이스크림을 사 주면서 전도했다. 주일에 예배하러 올 수 없는 아이들을 위해서 체육관 수업 후 쉬는 시간에 탈의실에 모여 복음을 전했다. 그 결과 모퉁이돌교회 유초등부는 놀라운 부흥을 경험하게 되었다. 처음 복음을 전하는 것이 어려웠을 뿐 한 아이가 복음을 받아들이자 그 아이를 통해 또 다른 친구들이 자연스럽게 체육관으로 예배드리러 오기 시작했다. 내가 늘 품고 있었던, "교회는 즐거워야 하고, 머물기 편안해야 한다"라는 생각은 독수리체육관이라는 공간에서 그대로 실현되었다. 아이들은 물밀듯이 몰려들었고, 어느새 체육관의 한 교실은 예배드리러 온 아이들로 가득 차게 되었다.

용곡동 시절 교회 학교 모습

물론 10년이 지난 지금 이 아이 중에 두 명을 제외하고는 대부분 연락이 끊기거나 사춘기를 지나며 교회를 떠났다. 그러나 현재 예배 팀에서 헌신하고 있는 재익이와 드럼 연주자로 섬기고 있는 주예는 믿음 안에서 잘 성장하여 모퉁이돌교회의 든든한 청년이 되었다. 그렇기에 독수리체육관은 그들에게, 그리고 우리 청년들에게 절대 가

녑지 않은 의미를 지닌 소중한 장소로 남아 있다. 당시 복음을 전했던 아이들 대부분이 교회를 떠났다고 해도 실망하거나 낙심하지 않는다. 하나님께서는 우리가 사랑하고 품었던 그 사랑의 분량만큼 언제나 새로운 아이들을 보내주셨고, 우리의 계획을 초월한 방법으로 빈자리를 채워 오셨다. 그래서 모퉁이돌교회는 사람의 수에 얽매이지 않기 위해 항상 처음을 돌아본다. 모퉁이돌교회를 통해서 예수님을 알게 되어 구원에 이르게 된다면 우리는 그것만으로 충분히 기뻐하고 감사할 것이다.

### 성황동 시절

두 번째 교회학교 사역은 천안시 동남구 신부동에 있는 첫 번째 교회를 떠나 성황동으로 이전하면서 시작되었다. 교회는 성황동으로 옮겨 갔지만 교회학교 예배는 한동안 계속에서 독수리체육관에서 드릴 수밖에 없었다. 첫째, 아이들이 나이가 아직 어렸고 둘째, 아이들을 태우고 교회로 이동할 차량이 없었기 때문이다.

교회건물이 있음에도 불구하고 독수리체육관에서 예배드려야 했던 상황 속에서 아이들은 항상 질문을 던지곤 했다.

"목사님! 우리는 언제부터 교회에 가요?"
"저도 진짜 교회에 가서 예배하고 싶어요!"

그러던 중에 모퉁이돌교회는 교회 승합차를 구매하게 되었고, 자연스럽게 차량 운행이 시작되었다. 하지만 초등학교 저학년 아이들은 거리상의 이유로 부담이 컸기에 독수리체육관에서 9시에 예배를 드렸고, 초등학교 고학년 아이들부터는 성황동에 있는 모퉁이돌교회로 출석하며 예배를 드리기 시작했다.

아이들의 예배 태도는 솔직히 말해 매우 미숙했다. 당시 성황동에는 아직 유초등부 예배가 별도로 마련되어 있지 않았기에 온 세대가 함께 예배드릴 수밖에 없었다. 그런데도 '진짜 교회'에서 예배드리고 싶다는 아이들의 바람에 따라 중고등부와 대학생들이 함께 드리는 예배에 초등학생까지 함께 참여하게 되었다. 처음에는 낯설고 집중하기 어려웠지만, 아이들은 점차 예배 분위기에 적응해 나갔고, 초등학교 고학년 아이들 역시 한 시간의 예배를 끝까지 집중해서 드릴 수 있게 되었다.

성황동 시절에도 교회에는 여전히 많은 초등학생이 있었고, 청년 성도들이 많았던 모퉁이돌교회는 교회학교 교사 역시 충분히 세워져 있었다. 교회는 늘 활력이 넘쳤고 공동체 안에는 생동감이 가득하고 즐거웠다. 온 세대들이 함께 예배드리는 경험을 통해 교회는 더 이상 어색하거나 어려운 공간이 아니게 되었다. 그렇게 모퉁이돌교회는 성황동에서 더 성장하며 부흥해 갔다.

마침내 우리는 오랜 고민 끝에 독수리체육관에서의 예배를 마무리하기로 결단했다. 1년이 넘는 시간 동안 독수리체육관을 교회학교 예배 장소로 사용하며 많은 아이에게 복음을 전할 수 있었지만, 이제는 아이들에게 성도들이 말하는 '진짜 교회'가 무엇인지를 알려 주어야 할 때라고 느꼈기 때문이다. 또한 교회가 성황동으로 이전한 후 1층에서 진행하던 '아지트 사역'을 통해 성황동 지역의 많은 아이들이 전도되었고, 이제는 독수리체육관 아이들과 성황동 아이들이 하나의 공동체로 세워져야 할 시점이었다.

성황동 시절, 교회에 와서 주일예배를 드리는 교회학교 친구들

물론 독수리체육관에서 예배하며 자란 아이들 가운데에는 집과의 거리 문제로 성황동으로 예배 자리가 옮겨지는 것을 힘들어하는 경우도 있었다. 그러나 모퉁이돌교회 운영위원들과 교사들의 충분한

회의와 기도를 거쳐 작은 개혁을 시작했고, 처음에는 서로 다른 동네에서 자란 아이들 사이에 관계적인 어려움도 있었지만 교회학교 예배는 무리 없이 독수리체육관에서 성황동으로 옮겨질 수 있었다.

**문화동 시절**

세 번째 교회학교 사역은 지금 교회가 자리 잡은 문화동으로 이전하며 시작되었다. 교회학교가 성장하며 교회도 성장했지만, 성도들의 연령대가 비교적 어렸기 때문에 교회 이전은 쉽지 않은 결정이었다. 하지만 어렸던 성도들은 점점 자라고 청소년과 청년의 숫자가 많이 늘어나면서 교회는 매우 좁게 느껴졌다. 1층 아지트 사역을 시작했지만 아지트 공간 역시 교회학교 학생들로 가득 차 좁기는 마찬가지였다. 하나님의 은혜로 부흥이 일어났지만, 성도들의 연령대가 낮은 교회를 이전하는 일은 쉽지 않은 문제였다. 청년들은 차량을 이용할 수 있고 청소년들은 버스를 타고 올 수 있었지만, 초등학생들에게는 걸어서 올 수 있는 거리가 아니면 주일 아침에 교회에 오는 것이 어렵기 때문이다.

그렇게 고민하던 중 성황동에서 건널목 하나만 건너면 닿을 수 있는 문화동의 105평 규모의 공간을 얻게 되었다. 월세 부담이 적지 않았지만 그만큼 교회가 성장해 있었기에 우리는 믿음으로 결단하여 이사했고, 그곳에서 교회학교 사역을 계속 이어가게 되었다. 그러나 이전 이후 예상치 못한 어려움이 찾아왔다.



교회가 이전한 곳은 성황동에서 불과 150미터밖에 떨어지지 않은 거리였지만, 아이들의 발걸음은 쉽게 이어지지 않았다. 이전에 다니던 교회는 학교가 끝난 뒤 교회까지 오는 동안 건널목을 한 번도 건너지 않아도 되었지만, 문화동에 있는 교회는 건널목을 한 번 건너야 했고, 건물 뒤편으로 더 걸어가야 했다. 게다가 교회이자 아지트가 있는 곳은 건물의 4층으로, 성황동에 있던 교회와 아지트보다 높아졌다. 이러한 변화는 어른들에게는 아무것도 아닐 수 있었지만, 어린 성도들에게는 매우 큰 걱정이자 부담이었다. 그래서 우리는 성황동에서 문화동으로 교회를 이전하는 일 자체를 끝까지 고민할 수밖에 없었는데, 그 고민이 현실이 되어 버린 것이다.

결국 이전을 마친 지 두 달이 지나도록, 평소 모퉁이돌 아지트에 자주 놀러 오던 학생들이 거의 찾아오지 않았다. 아지트 사역은 모퉁이돌교회의 특별한 사역으로, 매주 수요일부터 주일까지 교회의 문을 열어 두고 학생 성도들이 자유롭게 드나들며 교제하게 하고, 아직 예수님을 알지 못하는 학생들에게 복음을 전하는 사역이다.

아지트 지킴이 교사들은 큰 당혹감을 느꼈다. 그 일을 통해 우리는 아이들에게 교회의 위치와 거리는 매우 중요한 요소라는 사실을 다시 한 번 깨닫게 되었다. 다행히 시간이 지나면서 상황은 점차 회복되었다. 약 두 달이 지나자 다시 아이들이 찾아오기 시작했고, 우리의 염려와 달리 이전보다 더 많은 새로운 아이들이 모여들었다. 이후 교회는 매일 시끄럽고 활기로 가득찼다. 아이들의 웃음과 목소리가 가득 찰 때마다, 교회는 언제나 생기와 기쁨으로 충만해졌다.

모퉁이돌교회 KIDS 예배 후

현재 교회는 그 공간에서 교회학교를 다시 세워 가는 과정에 있다. 성황동 시절 함께하던 아이들 가운데 많은 이들이 중학교로 진학하면서 교회를 떠나기도 했다. 모퉁이돌교회를 통해서 예수님을 알아가고 성경 공부도 했지만, 부모 세대가 교회에 함께 나오지 못하는 상황에서 아이들이 사춘기에 접어들자, 초등학교에서 중학생으로 넘어가는 시점에 교회를 떠나는 경우가 적지 않았다.

이러한 경험은 독수리체육관 시절에도 겪은 일이었다. 아이들이 사춘기에 접어들며 비슷한 상황은 반복되었지만, 부모 세대의 동반 없는 1세대 신앙만으로는 아이들을 교회 공동체 안에 붙들어 두는 데 분명한 한계가 있었다. 어쩌면 이것은 모퉁이돌교회가 앞으로 풀어가야 할 과제일 것이다. 그러나 이 문제를 아이들만의 책임으로 돌릴 수는 없다. 다만, 만약 부모 세대까지 복음을 전할 수 있었고 아이들이 부모와 함께 신앙을 이어갔다면 어떤 공동체의 모습이 그려졌을지에 대한 아쉬움이 남을 뿐이다.

# 2. 교회에 재정이란 것이 생기다

　모퉁이돌교회의 여정을 돌아보면, 재정의 풍족함 속에서 사역이 확장된 적은 단 한 번도 없었다. 늘 부족함 가운데 있었고, 매달의 재정을 염려해야 했으며, 때로는 이중직을 감당해야 하는 현실 앞에 서 있기도 했다. 그러나 하나님께서는 그 부족함을 이유로 교회를 멈추게 하지 않으셨다. 오히려 아이들과 함께 시작된 작은 교회는 하나님이 어떤 분이신지를 분명히 드러내 보여 주셨다. 비록 아이들이었지만 모퉁이돌교회의 성도였던 이들은 말없이 목회의 현실을 지켜보며 하나님께서 역사하시는 현장을 함께 경험했다. 헌금의 액수가 아니라 마음으로 드려지는 헌신을 통해, 모퉁이돌교회는 하나님께서 교회를 어떻게 먹이시고 입히시는지를 삶으로 배우게 되었다.

　그 결과, 모퉁이돌교회는 재정이 넉넉했기 때문에 유지된 공동체가 아니라, 하나님을 신뢰했기에 그 인도하심을 따라 걸으며 성장한 교회가 될 수 있었다. 하나님은 지금도 여전히 일하고 계신다. 그렇기에 여전히 개척을 앞두고 두려움에 머물기보다, 재정이 채워지면 시작하겠다는 생각 대신 순종하면 하나님께서 채우신다는 믿음으로 한 걸음을 내딛기를 소망한다. 모퉁이돌교회의 이야기는 그 사실에 대한 한 교회의 증언이며, 동시에 지금 이 시대를 향한 하나님의 도전이다.

## | 첫 번째 교회 이사 |

신부동 다섯 평 남짓한 작은 공간에서 사역하던 시절의 이야기다. 교회를 개척한 그 장소는 위치적인 장점이 있어 학생들이 쉬러 오고, 먹으러 오고, 때로는 목사가 좋아서 수시로 드나들기 시작했다. 그렇게 모이기 시작한 아이들은 점차 늘어났고, 다섯 평에 불과한 공간은 채 6개월도 되지 않아 30여 명으로 가득 차는 놀라운 은혜를 경험하게 되었다. 예배 때면 가장 앞줄에 앉은 성도가 내 무릎을 바라보며 예배를 드릴 정도로 모퉁이돌교회에는 참으로 크고 놀라운 부흥이 찾아왔다.

그러나 위기도 함께 찾아왔다. 바로 공간의 문제였다. 학생 성도들이 늘어나면서 교회는 점점 비좁아졌고, 점심시간이 되면 절반은 일어나 밖에서 기다려야 하는 상황이 벌어졌다. 한 달쯤 지나자 아이들 역시 교회가 좁게 느껴졌는지 이사 이야기를 꺼내기 시작했고, 결국 우리는 더 이상 그곳에서 예배드릴 수 없어서 첫 예배처였던 신부동 다섯 평의 공간을 떠나야만 했다.



사실 한 달에 20만 원도 채 되지 않는 재정으로 옮겨 갈 수 있는 곳은 어디에도 없었다. 당장 이사를 해야 하는 상황 앞에서 고민은 깊어질 수밖에 없었다. 그러나 더 이상 다섯 평 남짓한 공간을 사용할 수 없는 지경에 이르렀고, 결국 우리는 모든 짐을 싸서 독수리체육관으로 옮길 수밖에 없었다. 관장님의 배려로 모퉁이돌교회는 주일마다 독수리체육관에서 예배드릴 수 있게 되었다. 담임목사에게는 결코 쉬운 선택이 아니었지만, 오전 9시에 예배를 드린 뒤 곧바로 집으로 돌아가지 않고 체육관에서 계속 머물며 놀 수 있게 된 교회학교 아이들은 무척이나 기뻐했다.

다시 생각해 보아도 아이들은 참 단순하다. 담임목사는 갑작스럽게 예배당을 잃고 깊은 고민에 빠져 있었지만, 아이들은 그저 새로운 공간에서 예배할 수 있는 것에 만족했고 넓은 공간에서 노는 것에 즐거워했다. 그러나 그 지점에서 우리의 두 번째 위기가 찾아왔다. 그것은 체육관이 위치한 용곡동이 아닌, 신부동과 원성동에 거주하던 중고등부 성도들의 이탈과 백석대학교에 다니던 성도들의 이탈이었다.

다섯 평 모퉁이돌교회가 있던 신부동과 독수리체육관이 위치한 용곡동은 버스로 약 20분 거리였다. 출발 지역에 따라 버스를 한 번만 타고 올 수도 있었지만 어떤 경우에는 두 번을 갈아타야 했고, 그 자체가 아이들에게는 큰 부담이 되었다. 특히 백석대학교에서 용곡동까지 이동하는 데에는 더 많은 시간이 소요되었고, 결국 교회에 오는 일이 점점 어려워지게 되었다.

그 시점을 기점으로 약 30명이던 공동체 가운데 절반에 가까운 15명 정도가 교회를 떠나게 되었다. 갑자기 연락이 닿지 않는 성도들이 늘어났고, 오겠다고 약속하고도 모습을 보이지 않는 경우도 많아졌다. 그렇게 모퉁이돌교회의 공동체는 짧은 시간 안에 절반으로 줄어들었다. 늘 숫자에 얽매이지 않으려 초심을 붙들어 왔지만, 사랑으로 헌신하며 사역해 온 만큼 아이들이 절반이나 줄어든 현실은 담임목사인 나에게 큰 충격이자 깊은 아픔으로 다가왔다. 더욱이 개척 교회인 모퉁이돌교회에 있어 성도의 절반이 떠났다는 사실은 감당하기 힘든 일이었다.

큰 어려움 속에 있었지만, 예배를 드릴 공간이 있다는 사실만으로도 감사할 수 있었다. 교회는 힘들었지만, 아이들은 오히려 담임목사를 위로하고 교회를 걱정해 주었다. 교회의 형편이 넉넉하지 않았지만, 독수리체육관 관장님처럼 자신의 사업체를 기꺼이 교회에 내어주는 동역자들도 함께하고 있었다.

재정이 당장 채워지거나 눈에 띄는 변화가 있었던 것은 아니지만,

아래 사진은 모퉁이돌교회가 이미 내적으로 채워지고 있었고, 아이들과 청년들의 삶 속에서 분명한 변화가 일어나고 있었음을 보여 준다. 아이들은 스승의 주일을 맞아 처음으로 선물과 케이크를 준비해 감사의 마음을 전했고, 갑작스러운 교회 이전으로 유난히 힘든 시간을 보내고 있던 시기였기에 더욱 깊은 감동과 고마움으로 남은 '스승의 주일'이었다.

갑작스러운 이사 후, 독수리 체육관에서 보낸 스승의 주일

‘스승의 주일’을 보내고 광고를 하던 중, 나는 끝내 울고 말았다. 아이들이 보여 준 마음이 고마워서 운 것도 사실이었고, 그 순간의 현실이 너무 힘들어서 운 것도 사실이었다. 나는 성도들 앞에서 눈물이 흐를 때면 그냥 운다. 숨기고 싶지 않고 강한 척하고 싶지도 않다. 목사는 리더이지만 동시에 연약한 사람이고, 목사가 아프고 슬플 수 있다는 사실을 성도들도 알고 있어야 한다고 생각한다. 왜냐하면 교회는 목사 혼자 만들어 가는 공간이 아니라 성도들과 함께 세워 가는 신앙 공동체이기 때문이다.

아이들의 형편을 잘 알고 있었고, 내가 눈물을 흘린다고 해서 당장의 문제가 해결되지 않을 것이란 사실도 알고 있었다. 그럼에도 그날은 그저 너무 지쳐 울고 싶었다. 사실 한 번도 아이들에게 내색한 적은 없었지만, 개척 후 1년 6개월 동안 목회를 이어 오며 재정적인 어려움 속에서 교회 문을 닫아야 하나 수차례 고민해 왔기 때문이다. 힘들 때마다 하나님께서 주신 초심을 붙잡으며 버텼지만, 그날만큼은 마음의 무게를 더 이상 숨길 수 없었고, 결국 나는 펑펑 울고 말았다. 아이들 앞에서 처음으로 눈물을 보인 날이었을 것이다.

그 일이 아이들에게도 적지 않은 충격이 되었는지, 한 달쯤 지난 후 놀라운 변화가 일어났다. 바로 아이들의 헌금이 달라지기 시작한 것이다. 늘 1,000원, 2,000원씩 드리던 헌금이 어느새 10,000원, 20,000원으로 늘어났고, 이전에는 하지 않던 십일조 헌금까지 드리기 시작했다. 목회자를 걱정하는 아이들의 마음으로 시작된 헌금은 한 주에 50만 원 정도가 모이더니, 한 달 동안 무려 300만 원의 재정이 채워지기 시작했다. 그때 아이들이 내게 이렇게 말했다.

"목사님 우리 이사 가요!"

물론 300만 원으로 교회를 이전할 수는 없었다. 그러나 아이들의 교회를 향한 마음가짐은 분명 이전과는 달라져 있었다. 그때 내가 확신하게 된 것이 하나 있었다. 그것은 신앙이라기보다, 담임목사를 향한 아이들의 '의리'였다. 목사가 눈물을 보이며 힘들어하는 모습을 보자, 아이들은 그저 힘이 되어 주고 싶은 마음으로 헌금을 모으기 시작했다. 당시 백석대학교에 다니던 대학생들 가운데 몇 명은 교회를 떠났지만, 남아 있던 몇몇 대학생들의 헌신이 더해지며 결국 300만 원 재정이 모아질 수 있었다.

불과 2년 전만 해도 아무것도 모른 채 교회에 쉬러 오고 놀러 오고 먹으러 오던 아이들이었다. 그러나 그 아이들은 조금씩 하나님을 알아 가며 교회를 사랑하는 성도들로 자라나기 시작했다. 아이들이 모은 300만 원의 헌금을, 하나님을 향한 온전한 신앙의 고백이라고 말할 수는 없을지도 모른다. 그러나 그것은 분명 사랑이었고, 교회를 향한 마음이었다. 무엇보다도 그 안에는 리더를 향한 진심 어린 애정이 담겨 있었다. 나는 그 마음이 언젠가 하나님을 향한 사랑으로 더욱 깊어지고 자라 가기를 기도했다.



모퉁이돌교회를 개척한 후 나는 공개적으로 후원을 요청한 적이 단 한 번도 없었다. 그러나 아이들이 300만 원을 모았다는 사실 앞에서 용기를 내어 처음으로 후원을 부탁하기로 마음먹었다. 사실 이런 어려움이 오기 전에 후원을 요청할 수는 있었지만, 개척했다는 이유로 사람들에게 연락해 형편이 어렵다고 말하고 싶지 않았다. 재정이 부족할 때마다 이중직을 겸하며 교회를 이어 왔지만 이번에는 적지 않은 금액이 필요한 상황이었고 후원 없이는 이사를 감당할 수 없는 형편이었다. 그렇게 모퉁이돌교회는 이전을 위해 처음이자 단 한 번의 후원을 요청하기로 했다.

그리고 곧 놀라운 일이 일어났다. 나를 직접 만난 적도 없고, 오직 SNS를 통해서만 교제하던 분들을 통해 무려 8,204,000원이 모인 것이다. 나보다 더 놀란 사람들은 아이들이었다. 성도 아이들은 믿기지 않는 일이라며 기뻐했고, 그렇게 모퉁이돌교회 재정에는 총 1,000만 원이 채워졌다. 큰돈이라 할 수도 있고 적은 돈이라고 말할 수도 있지만, 그 순간 우리는 그저 감사할 뿐이었다. 그리고 보증금이 1,000만 원인 교회 공간을 찾기 시작했다.

그러나 우리의 기대와 달리 장소를 구하는 일은 쉽지 않았다. 여러 곳을 알아보았지만, 교회에 자리를 내어 주겠다는 곳은 없었다. 대부분의 건물주는 교회가 들어오면 건물이 시끄러워진다는 이유로 난색을 보였다. 억울하고 속상했지만 달리 방법이 없었다. 그렇게 여러 차례 거절을 당한 끝에 마지막 찾은 곳이 바로 성황동 사역을 시작하게 된 유림빌딩이었다.

교회로 사용할 처소를 찾다 지쳐 있던 우리는 마지막이라는 마음으로 그곳을 찾았고, 마침내 교회로 사용해도 좋다는 허락을 받게 되었다. 보증금은 정확히 1,000만 원이었고 월세는 78만 원이었다. 월세가 부담되지 않았다고 말할 수는 없었지만, 나는 의심하지 않았다. 지금까지 모퉁이돌교회를 이끌어 오신 하나님께서 여전히 함께하고 계심을 확신하였기 때문이다.

유림빌딩은 학원 건물이었다. 2층에는 학원이, 4층에는 지역아동센터가 운영되고 있었으며, 1층은 인력 회사가 자리하고 있었다. 다른 장소를 더 찾아보지 않고 유림빌딩으로 결정한 것은, 위치가 너무나도 매력적이었기 때문이다. 첫 교회가 있던 신부동과도 멀지 않았고, 계약을 앞두고 주변을 둘러보니 반경 100미터 안에 초등학교 한 곳, 중학교 두 곳, 고등학교가 두 곳이 자리하고 있었다. 다음세대를 중심으로 사역해 온 모퉁이돌교회에 이보다 더 적합한 위치는 없다고 느껴졌다.



## | 첫 번째 이사의 시작 |

이사를 앞두고 공사가 시작되었다. 당시 나는 호서대학교 교목으로 사역하고 있었기에 공사에 적극적으로 참여하지는 못했지만, 아내와 몇몇 청년들이 함께 힘을 모아 이전 공사를 감당했다. 특히 아내는 공사 진행을 살피고 청년들과 직접 페인트칠을 하며 가장 앞에서 수고를 아끼지 않았다. 그러나 여전히 가장 큰 문제는 재정이었다. 최대한 비용을 아끼기 위해 불필요한 부분을 줄였지만 공사비는 모퉁이돌교회에 여전히 큰 부담이었다. 결국 우리는 빚을 지기로 결정했다. 청년들은 아직 대학생이어서 재정을 부담하기 어려워, 장인 어른의 도움을 받아 대출을 진행하여 2주간의 공사를 마칠 수 있었다.

그렇게 2016년 6월, 우리는 마침내 유림빌딩 3층에 입주하게 되었다. 다섯 평에서 예배드리던 우리가 전체 40평 규모의 공간에서 약 25평의 예배실을 사용하며 예배하기 시작하자 모든 것에 감사함이 넘쳤다. 신부동의 다섯 평 하나의 공간과 달리, 성황동 유림빌딩으로 옮긴 모퉁이돌교회 안에는 새로운 공간들이 생겼다.

첫째, 교회 안에 우리만 사용할 수 있는 화장실이 생겼다. 남녀 구분도 없고 소변기와 좌변기가 함께 있는 작은 공간이었지만, 개척 멤버였던 아이들과 나에게는 그 자체로 큰 감동이었다. 시간이 지나 청년들이 좌변기를 양변기로 교체해 주었을 때의 기쁨은 말로 다 할 수가 없었다. 누군가에게는 아무것도 아닌 일이었겠지만, 화장실조차 없던 우리에게는 편히 사용할 수 있는 공간이 생겼다는 사실만으로 충분히 감사한 일이었다.

둘째, 사역자들이 함께 업무를 볼 수 있는 사무실이 생겼다. 다섯 평 신부동 시절에는 꿈도 꾸지 못했던 공간이었다. 그곳에서 성경을 읽고 상담도 할 수 있었고 주보도 만들 수 있었으며, 예배 후에 잠시 조용히 쉴 수도 있었다. 비록 이후에 교회가 성장하며 다음세대를 위해 그 공간을 내주게 되었지만, 잠시라도 교회 사무실을 가질 수 있다는 사실은 참으로 감사한 경험이었다.

셋째, 비록 작은 공간이었지만 유아들을 위한 공간이 마련되었다. 모퉁이돌교회의 평균연령이 16.5세에 불과했지만, 앞으로 청년 성도들을 통해 세워질 가정과 그 가정 안에서 태어날 진정한 모퉁이돌교회의 다음세대를 기대하며 기도할 수 있게 되었다.

무엇보다 감사한 것은 성황동의 위치였다. 교회를 처음 개척했던 신부동 터미널 인근 상권은 아이들이 접근하기에는 편리했지만 담배 냄새가 많이 나고 늦은 시간에는 술에 취한 사람들이 오가는 등

아이들이 많은 교회의 환경으로는 결코 좋은 곳이 아니었다.

반면 유림빌딩은 학원과 지역아동센터가 함께 있는 건물로, 이전 장소보다 훨씬 안전한 환경을 제공해 주었다. 아내와 청년들의 헌신, 하나님의 인도하심, 그리고 많은 동역자의 후원을 통해 모퉁이돌교회는 마침내 성황동으로 무사히 이전할 수 있었다.

모퉁이돌교회 성황동 시절 예배당의 모습

성황동 시절, 우리가 마주한 가장 큰 현실적인 문제는 월세 78만 원이었다. 40평 규모의 성황동 공간은 감사한 선물이었지만, 평균 연령 16.5세에 불과한 교회 공동체가 그 금액을 감당해야 한다는 사실은 절대 가볍지 않았다. 성도 대부분이 고등학생과 대학생이었기에 그 부담은 분명 컸다. 그러나 그 걱정은 사실 목사인 나 혼자만의 몫이었다. 다섯 평에서 보낸 2년이란 시간 동안 아이들은 분명히 변화하고 있었다. 무엇보다도 성도들은 교회 이전을 위해 스스로 300만 원을 모아 본 경험이 있었고, 신앙의 성장은 더딜지라도 교회를 향한 주인의식과 리더를 향한 마음은 이전과는 분명히 달라지고 있었다.

아이들은 자발적으로 헌금을 드리기 시작했고 십일조 헌금도 시작했다. 개척 이후 아이들과 체계적인 성경 공부를 해본 적은 거의 없었지만, 나는 삶으로 복음을 보여 주고자 애써 왔다. 그 노력을 성도들이 조금씩 알아주기 시작한 것이다. 때로는 이렇게까지 아이들에게 시간과 재정을 쏟는 내가 스스로 의아해할 정도로, 나는 그들과 함께 많은 시간을 보냈다. 만날 때마다 함께 먹고 놀고 이야기를 나누며 고민을 들어주었고, 기회가 있을 때마다 자연스럽게 복음을 전하고 예수님에 대해 이야기했을 뿐, 따로 시간을 정해 성경 공부를 진행하지는 않았다.

사실 아이들 역시 성경 공부는 원하지 않았다. 그러나 리더와 함께 시간을 보내고 교회 이전이라는 어려운 과정을 함께 겪으며, 아이들은 이전과는 비교할 수 없을 만큼 성장해 있었다. 그렇게 자란 아이들은 교회를 위해 헌신할 수 있는 신앙의 토대를 갖추게 되었다. 그리고 이제는 성경 공부를 시작해야 한다는 것을 생각하게 되었다.

모퉁이돌교회는 성황동으로 이전하여 개척 후 처음으로 성경 공부를 시작했다. 교회를 책임지고, 교회를 위해 헌금하기 시작한 아이들의 모습을 보며, 이제는 예수님을 체계적으로 알려 줄 필요가 있다고 느꼈기 때문이다. 이미 교회와 깊은 관계를 맺고 리더와의 신뢰가 형성된 아이들은 놀라운 속도로 성경 말씀을 받아들이기 시작했다. 왜 예배를 드려야 하는지, 왜 헌금을 해야 하는지, 왜 찬송하고 왜 기도해야 하는지를 하나씩 가르치기 시작하자 성도들의 헌신은 더욱 깊어졌다. 아이들은 자신의 용돈을 하나님께 드리기 시작했고, 교회를 '다니는 곳'이 아니라 '책임지는 공동체'로 여기기 시작했다. 그렇게 해서 78만 원의 월세는 더 이상 큰 부담으로 느껴지지 않게 되었다.

다른 교회는 어떠한지는 알 수 없지만, 아이들의 교회를 향한 사랑은 담임목사인 내가 보아도 특별했다. 예를 들어 교회의 전기 요금을 자신들의 재정으로 감당해야 한다는 사실을 알기에, 모퉁이돌교회 아이들은 아무리 더워도 에어컨 사용을 최대한 절제했다. 그 모습은 105평 규모의 문화동으로 이전한 지금까지도 이어지고 있다. 교회를 청소하고 교회의 운영을 알아 가고 교회의 주체로 서게 되자 아이들은 함부로 행동하지 않기 시작했다. 여기에 성경 말씀과 예수님에 대한 사랑을 알아가면서 자신이 얼마나 소중한 존재인지, 교회가 얼마나 아름다운 공동체인지를 깨닫게 되었다. 그렇게 자란 아이들이 교회를 책임지는 성도가 되어 가고, 그 결과 모퉁이돌교회는 자연스럽게 부흥의 길로 들어서게 되었다.

이전하고 금방 가득 차게 된 성황동교회

성황동으로 이전한 이후 아이들이 교회를 책임지기 시작했지만, 재정적인 어려움은 여전히 계속되었다. 늘 빠듯했고 벅찼지만, 위기의 순간마다 하나님께서는 반드시 길을 열어 주셨다. 그러나 어느 순간, 결국 가장 큰 재정의 위기가 찾아왔다. 교회 월세를 감당할 수 없는 상황에 이른 것이다. 물론 담임목사인 내가 책임지고 감당해야 할 문제였다. 그러나 운영위원회를 맡고 있던 아이들에게 이 사실을 알리지 않을 수 없었다. 아이들 역시 매우 놀랐고, 사실 나 또한 믿기 힘든 상황이었다. 그런데 그때 한 성도가 이렇게 말했다.

"목사님, 목사님께서 항상 말씀하시길 우리의 힘으로 되지 않을 때는 기도하라고 가르쳐 주셨습니다."

그리고 이어서 조심스럽지만 단호하게 제안했다.

"저희 새벽에 일주일만 기도해 봐요."

그날 저녁, 아이들은 하나둘 교회로 모이기 시작했다. 교회에서 함께 자며 새벽을 깨워 기도하겠다는 것이었다. 아이들이 그렇게 나오는데 나 역시 가만히 있을 수 없었다. 짐을 싸서 교회로 향했고, 함께 모여 기도를 시작했다. 기도를 시작한 지 30분쯤 지났을까, 지금도 잊을 수 없는 한마디가 나왔다.



운영위원회였던 아이 중 한 명의 말이었다. 그리고 정말 놀라운 일이 일어났다. 교회 이전 때처럼 후원을 요청한 적도 없었다. 사실 이 문제가 해결되지 않으면 우리 가정이 감당하기로 이미 아내와 이야기를 마친 상태였다. 그런데 어느 날 교회 통장에 400만 원이 입금되어 있었다. 보낸 이의 이름조차 알 수 없는, 말 그대로 이름 없는 후원이었다. 그리고 그 후원자가 누구인지는 지금까지도 알지 못한다. 중요한 것은 그것이 아니라, 운영위원회 아이들의 믿음과 선택을 하나님께서 분명히 보고 계셨다는 사실이다. 그렇게 모퉁이돌교회는 조금씩 분명하게 성장하고 있었다.

다음세대가 줄어들고 교회를 떠난다고 말하는 이 시대 가운데서, 모퉁이돌교회는 한국교회의 희망을 향해 걸어가고 있다는 확신이 마음 깊이 자리 잡기 시작했다.

그 이후로 아이들의 신앙은 눈에 띄게 달라졌다. 담임목사인 내가 보아도 분명한 성장이 느껴졌다. 그동안 아이들은 목사를 통해 전해지는 하나님의 역사를 '듣는' 입장이었다면, 이 하나님의 역사는 아이들 자신의 다짐과 기도, 그리고 헌신을 통해 직접 경험한 너무나도 귀한 간증이 되었다. 새벽을 깨우자고 리더가 제안한 것도 아니고 기도하며 받은 응답을 나누자고 요구한 적도 없었다. 그럼에도 아이들은 스스로 교회에 모여 일주일 동안 함께 지내며 기도했고, 그 시간 속에서 하나님께서 분명히 일하셨다고 나는 확신한다. 그렇게 모퉁이돌교회에 찾아온 위기는 단순한 어려움으로 끝나지 않고 살아 있는 경험이 되었다. 그리고 그 경험을 통해 우리의 믿음과 신앙은 한 걸음 더 깊어지고 더욱 단단해져 가고 있었다.

새벽을 깨우는 모퉁이돌교회 성도들

# 3. 교회로 이끄는 아지트 사역을 시작하다

2016년, 우리는 성황동으로 자리를 옮겨 1년을 보냈다. 그리고 2017년 5월, 그 시절을 떠올리면 교회 반경 100미터 안에 초등학교 한 곳, 중학교 두 곳, 고등학교 두 곳이 모여 있었다. 무엇보다 인상 깊었던 장면은 매일 아침 8시부터 8시 30분 사이, 최대 100명에 이르는 학생들이 한꺼번에 교회 앞을 지나가던 모습이었다. 교회 앞 거리는 그야말로 전도의 황금밭처럼 보였다.

그래서 당시 함께 사역하던 동역자들과 매주 금요일마다 교회 앞으로 나가 전도를 시작했다. 몇몇 아이들은 관심을 보였고, 우리는 손짓으로 교회가 있는 3층을 가리키며 안내하곤 했다. 아이들과는 점점 친해졌지만, 그들을 실제로 3층까지 올라오게 하는 일은 생각보다 쉽지 않았다.

그러던 중 SNS를 통해 의정부에 있는 하늘샘교회를 알게 되었다.

그 교회 안에는 아이들을 위한 별도의 공간이 마련되어 있었는데, 컴퓨터와 게임기, 만화책과 보드게임까지 갖춘, 아이들에게 매력적인 장소였다. 그 모습을 보며 나는 확신하게 되었다. 모퉁이돌교회에도 반드시 아이들을 위한 공간이 필요하다는 생각이었다. 물론 교회의 가장 중요한 사역은 예배이며, 예배를 통해 하나님의 뜻을 알아 가는 일임을 나는 부정하지 않는다. 그러나 교회를 떠나가는 다음세대를 다시 초대하기 위해서는 교회가 재미있고 편안한 공간이 되어야 한다는 생각을 늘 품고 있었다.

마침 그 무렵 같은 건물 1층에 있던 인력사무소가 이전하면서 공실이 생겼다. 나는 즉시 운영위원회 긴급회의를 소집해 재정적으로는 다소 무리일 수 있지만, 학생들을 전도하기 위해 1층을 임대해 아이들을 위한 공간을 만들자고 제안했다. 그러나 반응은 기대만큼 긍정적이지 않았다. 담임목사로서 비전을 제시할 수는 있었지만, 교회 재정을 사용하는 문제였기에 운영위원회의 동의가 필요했다. 결국 우리는 "조금 더 기도해 보자"라는 말과 함께 결단을 미루었고, 그 사이 1층 공간은 다른 업체에 임대되고 말았다.

이 일을 통해 나는 교회는 결코 담임목사 혼자 목회하는 곳이 아니라는 사실을 뼈저리게 깨달았다. 내가 보고 느낀 꿈을 성도들과 충분히, 정확하게 나누지 못했기에 공동체는 결단하지 못했고 우리는 소중한 기회를 놓치고 말았다.

1년의 세월이 흘렀다. 1층을 임대하지 못한 아쉬움은 여전히 컸지만, 우리는 3층에 만화책과 게임기를 들여놓았다. 학생들은 그 공간을 무척 좋아했고, 당시에는 아직 '아지트 사역'을 시작하기 전이었기에 토요일과 주일에 교회를 찾는 학생들이 주로 이용했다. 그 과정을 통해 교회에는 점점 학생들이 늘어났고, 교회는 지속적으로 부흥하고 있었다.

이 모든 과정을 지나며 한 가지 사실을 분명히 깨닫게 되었다. 목회자는 혼자 알고 혼자 보고 혼자 느낀 비전만으로는 공동체를 움직일 수 없다는 것이다. 그래서 나는 운영위원회 성도들에게 우리가 가고자 하는 방향을 직접 보여 주어야겠다고 결심했다. 주일 사역을 마친 후 중직들과 함께 의정부로 향했고, 담임목사로서 내가 꿈꾸는 교회의 모습을 설명하며 하늘샘교회를 함께 방문했다.

직접 현장을 본 운영위원회 성도들의 반응은 분명했다. 모두가 고개를 끄덕이며 같은 마음으로 동의했고, 자연스럽게 비전은 공동의 꿈이 되었다. 그리고 다시 한 번 기회가 찾아왔을 때, 우리는 더 이상 망설이지 않았다.

이 경험을 통해 나는 교회가 공동체라는 사실을 다시 한 번 깊이 배웠다. 무엇이든 목사 혼자 바라보고 결정해서는 앞으로 나아갈 수 없다. 교회는 같은 꿈을 함께 보고 같은 비전을 품을 때 비로소 전진할 수 있다.

그 이후 우리는 아이들을 위한 공간을 마련하기 위해 매일 기도하며 준비했다. 이미 1층에는 다른 사업체가 입점해 있었기에 그들이 나갈 때까지 기다려야 했지만, 그 기다림의 시간 동안 하나님께서는 모퉁이돌교회를 더 부흥하게 하셨다. 동시에 성도들 모두가 1층 공간의 필요성을 절실히 느낄 수밖에 없는 상황으로 이끌어 주셨다.

지금 돌아보면, 성도들과 충분한 합의 없이 혼자 앞서 비전을 붙들고 달려가려 했던 나는 다소 성급했는지도 모른다. 그러나 하나님께서는 그 모든 과정을 통해 같은 비전을 함께 바라보고 공유할 시간을 허락하셨다. 그래서 그 공간은 목사 혼자만의 꿈이 아니라, 공동체 모두가 함께 품은 꿈의 공간이 될 수 있었다고 나는 확신한다.

## | 청년의 헌신 |

성황동 초기 시절, "목사님, 교회가 없는 곳에 교회를 지어 주세요"라고 장은서 성도가 요청한 적이 있었다. 장은서 성도는 2014년 개척 당시, 함께 개척하겠다며 고3의 나이로 나를 따라온 성도였다. 장은서 성도는 고등학교에 입학하면서 한때 교회를 떠나려 했다고 한다. 그러나 그 시절 허용석 전도사를 만나게 되었고, 그 만남을 통해 신앙생활을 계속 이어갈 수 있었다고 고백했다. 이후 내가 이전 교회를 사임하고 개척을 결단했을 때, 장은서 성도는 다섯 평 남짓한 작은 개척 교회의 문을 여는 그 자리에 기꺼이 함께 서 주었다.

고등학교를 졸업한 후 장은서 성도는 회사에 취직했다. 당시 모퉁이돌교회 성도 대부분이 학생이던 시절, 장은서 성도는 스무 살의 나이로 직장에 다니며 교회에서 유일하게 십일조를 드리는 성도였다. 한때 방황하며 교회를 떠났던 시간도 있었지만 다시 돌아와 하나님 앞에서 최선을 다해 신앙생활을 이어가고 있는 귀한 성도이며 교회를 책임지는 운영위원이다.

어느 날, 장은서 성도는 헌금에 대한 자신의 결단을 고백하며 3,000만 원을 헌금으로 드리겠다고 했다. 당시 장은서 성도의 나이는 스물네 살이었고, 그 금액이 너무나도 컸기에 나는 놀라지 않을 수 없었다. 그래서 나는 그 헌금을 바로 받을 수 없다며 돌려주었다. 그러나 장은서 성도는 끝까지 헌금하기를 원했다. 나는 그 돈이 어떤 의미의 헌금인지 알고 싶어 장은서 성도에게 그 돈의 본래 용도를 물었다.

장은서 성도는 그 돈이 장차 결혼하거나 앞으로의 삶을 위해 모아 두었던 돈이라고 고백했다. 하지만 기도하던 중 "지금까지 나를 지켜 주시고 인도하신 하나님께서 내 결혼과 앞으로의 삶도 책임져 주시지 않겠는가?"라는 마음이 들었고, 돈보다 더 소중한 하나님께 먼저 헌금으로 드리고 싶었다고 했다. 그리고 교회가 없는 곳에 교회를 세우는 데 쓰이기를 간절히 바란다고 고백했다. 그렇게 장은서 성도는 3,000만 원을 하나님께 드렸다. 그러나 나는 그중 1,000만 원만 받기로 하고, 나머지 2,000만 원은 "네가 나중에 결혼할 때 사용하라"며 다시 돌려주었다.

장은서 성도의 1,000만 원의 헌금으로 아지트 사역이 시작되었다. 당시 우리는 3층을 임대해 사용하고 있었기에 건물주는 추가 보증금을 요구하지 않았고, 월세 55만 원으로 1층 20평 공간을 임대할 수 있었다. 그렇게 아지트 사역이 시작되었다.

교회에서 컴퓨터를 하는 교회학교 어린이들

아지트는 교회가 불편한 곳이 아니라는 것, 교회가 지루한 공간이 아니라는 것을 아이들에게 보여 주고 싶어 시작한 사역이었다. 다음 세대가 교회를 떠나고 있는 이 시대 속에서 어떻게 하면 청소년들을 교회로 초대할 수 있을지를 고민하다가, 아이들의 문화를 교회 안으로 들이기로 한 것이다.

그렇게 시작된 아지트에는 많은 어린이가 찾아왔다. 모퉁이돌교회가 성황동에 있던 시절, 아지트에 놀러 오는 아이 중에는 유독 이중 국적을 가진 어린이들이 많았다. 부모 모두가 외국인이거나, 부모 중 한 명이 외국인인 경우도 적지 않았다. 장은서 성도는 "네가 헌금한 1,000만 원으로 아지트를 시작한다"라고 내가 말했을 때, 솔직히 마음 한편으로는 아지트보다는 '교회 건물'을 세우고 싶었다고 했다. 그러나 시간이 지나 아지트를 통해 전도되고 그곳에서 예배드리는 아이들을 보며 아지트 또한 하나의 작은 교회임을 깨닫게 해 주신 하나님께 감사하게 되었다고 고백했다.

만약 장은서 성도의 헌금이 없었다면, 아지트 사역이 시작되기까지 훨씬 더 오랜 시간이 필요했을지도 모른다. 그러나 하나님께서는 장은서 성도를 통해 일하셨고, 열아홉 살에 모퉁이돌교회를 찾아왔던 그 성도는 이제 교회의 운영위원으로서 없어서는 안 될 귀한 청년 성도가 되었다. 사람들은 어린 나이에 이렇게 큰 헌금을 했다는 사실에 놀라지만, 장은서 성도는 이렇게 고백한다.

"하나님을 믿었기에, 내가 진정으로 사랑하는 하나님께서 내 인생을 책임져 주실 것도 믿었기에 이런 결단을 할 수 있었습니다."

요즘 아이들에게 마음 놓고 머물 수 있는 공간은 점점 사라지고 있다. 그런 아이들에게 '아지트'는 자연스럽게 발걸음이 향하는 매력적인 장소가 되었다. 여름에는 시원하고 겨울에는 따뜻하게 운영되는 이 공간에는 하루 한 번 제공되는 간식이 있고, 보드게임과 만화책, 게임기와 컴퓨터까지 갖추어져 있다. 아이들은 아지트에 들어서는 순간, 심심할 틈을 잊는다. 모퉁이돌 아지트는 매주 수요일 오후 2시부터 6시까지 문을 연다.

"다음세대를 위해 목숨을 다하겠습니다."

이 다짐을 말로만 남기지 않기 위해 방법을 고민하던 끝에 시작된 사역이 바로 모퉁이돌 아지트였다. 그러나 아지트는 담임목사 혼자 감당할 수 있는 사역이 아니었다. 아이들을 안전하게 지키고, 그들의 시간을 함께 보내 줄 '지킴이'들이 필요했다. 감사하게도 모퉁이돌교회에는 믿음 안에서 자라난 대학생과 청년들이 자신의 시간을 기꺼이 내어 이 자리를 함께 지켜 주었다. 아지트는 그렇게 아이들이 교회에 '오는 것'이 아니라 '놀러 오게 되는' 공간이 되었고, 교회의 문턱을 낮추는 중요한 발판이 되었다.

이 사역에 헌신한 지킴이들의 간증은 모퉁이돌교회의 정체성을 가장 잘 보여주는 이야기이기도 하다.

　모퉁이돌교회의 첫 번째 집사로 임명된 전예지 집사는 아지트의
시작부터 지금까지 한결같이 함께해 온 사람이다. 청소년 지도사였
던 그는 자신의 제자를 따라 처음 모퉁이돌교회를 찾았고, 예배 가
운데 하나님을 인격적으로 만나게 되었다. 이후 아이들과 함께 참석
한 여름 수련회에서 아이들을 위해 기도하던 중 과거의 자신을 돌아
보게 되었다고 고백한다. 청소년 지도사로 일하며 아이들을 사랑으
로 대하기보다, '돈을 벌기 위한 대상'으로만 대했던 자신의 모습을
마주하게 된 것이다. 그는 한 영혼 한 영혼을 사랑으로 섬기지 못했
던 자신을 회개하며, 아이들을 삶의 수단이 아니라 하나님께서 맡기
신 귀한 영혼으로 섬기겠다고 결단했다.

캄보디아 아이들과 전예지 집사

평소 성실함으로 신뢰를 받던 전예지 집사가 이직을 준비하며 잠시 쉬고 있던 시기, 나는 그에게 아지트 지킴이를 '잠시' 맡아 달라고 부탁했다. 그러나 그 잠시의 사역은 그의 인생의 방향을 바꾸는 계기가 되었다. 아지트 지킴이로 섬기며 그는 청소년 지도사로서의 길이 아니라, 교회 안에서 아이들이 신앙 안에 정착하도록 돕는 동역자의 길을 선택하겠다고 결단하게 되었다.

전예지 집사처럼 꾸준히 자리를 지켜 온 지킴이도 있었지만, 필요할 때마다 교회의 많은 청년들이 기꺼이 그 자리를 채워 주었다. 아지트를 찾는 아이들이 늘어나며 혼자 감당하기 어려운 상황 속에서, 함께 사역하던 전도사님의 갑작스러운 사임으로 또 한 번의 공백이 생겼을 때도 마찬가지였다. 그 자리를 채운 이가 바로 김효석 성도였다.

김효석 성도는 친구를 따라 처음 모퉁이돌교회에 왔고, 예배 가운데 말로 설명할 수 없는 하나님의 인도하심을 경험했다고 고백한다. 그때 교회의 평생 표어인 "사람을 모으는 교회가 아닌, 사람을 살리는

간호사로 근무하는 김효석 성도

교회"라는 문장이 그의 마음에 깊이 새겨졌고, 그 계기를 통해 교회

에 정착하기로 결심하게 되었다.

경상북도가 고향이자 대학 시절을 보낸 곳이었던 그는 간호학을 전공한 뒤, 교회 근처에서 신앙생활을 이어가기 위해 천안 인근 아산의 병원에 취업했다. 응급실에서 3년간 근무한 후 잠시 쉼을 위해 퇴직하던 시점에, 인생에서 가장 힘들고 도움이 절실했던 시기에 하나님께서 모퉁이돌교회로 인도하시고 회복하게 하셨음을 잊지 않고 있던 그는 이 시간이 교회를 위해 미리 준비된 때인 것 같다며 아지트 지킴이의 빈자리를 채워 주었다.

그렇게 헌신한 1년은 김효석 성도에게 다음세대 사역을 깊이 이해하게 하는 시간이 되었고, 교회가 나아가고자 하는 방향을 함께 바라보며 앞으로도 동역하겠다는 결단의 계기가 되었다.

그의 재취업 이후 다시 생긴 지킴이의 빈자리는 스물두 살 대학생 김주예 성도가 이어받았다. 김주예 성도는 내가 독수리체육관에서 사범으로 일하던 시절, 관원이었던 아이였다. 체육관 안에 모퉁이돌교회 유초등부가 생기고, 이른바 '탈의실 예배'가 시작되던 때였다. 초등학생이던 그는 "저는 다니는 교회가 있어요, 사범님."이라고 말하던 아이였고, 그 모습은 지금도 기억에 선명하다.

그 후 많은 시간이 흐른 뒤, 고등학생 때 친한 친구가 다니는 교회가 예전 태권도장 사범님이 목사님으로 계신 교회란 사실을 알고 모퉁이돌교회에 오면서 다시 만나게 되었다. 고등학생 시절 신앙이 흔들리던 그는 이곳에서 예배가 회복되었고, 다시 신앙을 세워 갈 수 있었다고 고백한다. 이미 교회에 다닌다는 이유로 굳이 복음을 전하지 않아도 된다고 생각했던 그 아이를 하나님께서는 다시 만나게 하셨다. 그 인도하심은 놀라울 수밖에 없었다.

교회 안에서 회복되고 성장하며 받은 사랑을 아이들에게 흘려보내고 싶다는 마음으로, 그는 개인 사정으로 휴학하게 된 1년 동안 아지트 지킴이로 헌신하기로 결단했다. 아이들을 누구보다 사랑하는 그는 아이들을 만나는 시간이 즐겁고, 오히려 힐링이 되는 시간이라고 말한다. 그 헌신은 아지트 지킴이를 넘어 모퉁이돌 KIDS부 교사로까지 이어졌다.

아지트는 한 번도 넉넉했던 적이 없었다. 그러나 하나님께서는 언제나 빈자리를 채우셨고, 부족한 재정을 공급해 주셨다. 지금도 모퉁이돌교회는 더 많은 다음세대에게 복음을 전하기 위해 애쓰고 있으며, 아지트는 예수님을 알지 못하는 아이들과 교회가 만나는 소중한 접점이자 다리 역할을 감당하고 있다.

한 청년의 헌신으로 시작된 아지트는 이제 또 다른 청년의 헌신과 여러 동역자들의 손길을 통해, 다음세대가 살아 숨 쉬는 교회로 나아가게 하는 귀한 동력이 되어 가고 있다. 하나님께서는 우리의 삶과 교회를 결코 비워 두지 않으시고, 필요한 것을 때마다 채우시는 분이심을, 이 사역을 통해 우리는 오늘도 배우고 있다.

아지트를 지키는 나와 지킴이들은 정말 행복했다. 오랫동안 아이들이 오길 기다리고 있었던 터라 아이가 처음 왔을 때 그 아이는 누구보다 따뜻한 환영을 받았고, 우리가 준비해 둔 간식을 나누면 마음껏 놀다가 집으로 돌아갔다. 그리고 놀랍게도 그다음 날부터 아이들이 하나둘씩 아지트로 몰려오기 시작했다. 처음에는 많은 아이가 아지트를 의심의 눈으로 바라보았다. 그러나 그 의심이 풀리는 순간, 아이들은 '아지트에 가면 간식을 먹을 수 있다'라는 확신을 가지고 스스럼없이 아지트 문을 열고 들어오기 시작했다. 그렇게 아지트는 아이들에게 점점 익숙하고 안전한 공간이 되어 갔다.

현재는 수요일부터 주일까지 아지트를 운영하고 있지만, 첫 1년 동안은 화요일부터 문을 열어 두었다. 소문은 금세 퍼졌고, 아이들은 하루도 빠짐없이 아지트를 찾았다. 어느새 놀러 오는 아이들의 수가 너무 많아 통제하기 어려울 정도가 되었고, 아지트 지킴이들은 행복한 비명을 지를 수밖에 없었다. 아지트에 드나들던 아이들은 자연스럽게 예수님을 믿는 선생님들과 거리낌 없이 친해졌다. 처음에는 모퉁이돌교회 성도들조차도 의구심을 가졌던 사역이었지만, 한 청년의 헌신으로 시작된 아지트는 '한국교회에 아이들이 없다'라고 말하던 2020년의 현실 속에서, 마치 강한 메시지를 던지듯 많은 아이를 교회로 이끄는 통로가 되었다. 부흥이 찾아온 것이었다. 그리고 우리는 새로운 고민 앞에 서게 되었다.


"이 아이들을 이제 어떻게 주일 예배로 인도할 수 있을까?"

아지트의 목적은 분명했다. 교회의 문턱을 낮추려는 것이었다. 누구나 올 수 있고, 아무나 머물 수 있는 교회가 되고 싶다는 것이 나의 목회관이기도 했다. 비록 아지트가 처음 문을 열 때부터 아이들이 몰려온 것은 아니었지만, 시간이 흐르며 많은 아이가 이곳을 찾게 되었고, 이제 우리는 이 아이들을 어떻게 예배로 연결할 것인지를 고민해야 할 시점이 이르렀다.

사실 이 지점은 사역자들이 가장 깊이 고민하는 부분이다. 그러나 아지트에 아이들을 끌어들이기 위한 특별한 프로그램이나 화려한 기획이 없었다. 우리는 그저 아이들과 함께 시간을 보냈고, 함께 먹고 놀았다. 아이들의 고민을 귀 기울여 들어주었고, 해결할 수 있는 문제라면 학교까지 찾아가 도움을 주기도 했다. 친구 관계의 어려움, 학업에 대

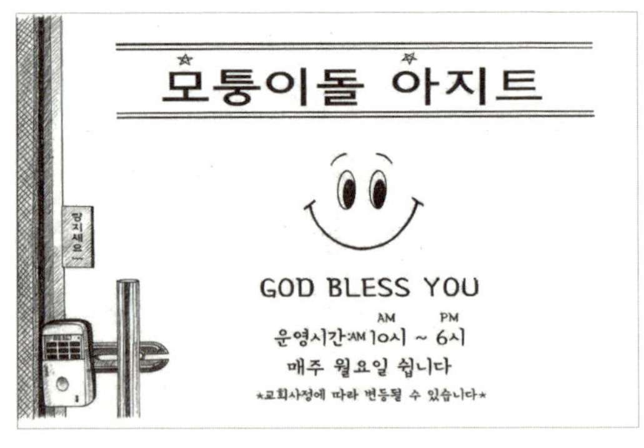



성황동 시절 모퉁이돌 아지트 입구 모습

한 부담, 가정 문제, 그리고 말로 다 표현하지 못한 수많은 이야기를 함께 나누었다. 그러기 위해 함께 게임했고, 운동도 같이했다. 그러면서 자연스럽게 관계를 쌓아갔다. 아지트에서 놀면서 게임 대회와 운동 대회를 열었고, 아이들은 부담 없이 참여하며 더욱 깊이 친해질 수 있었다. 모든 것은 오랜 시간을 두고 천천히 이루어졌고, 인위적이지 않았으며, 자연스럽게 흘러갔다.

학생들은 한 명, 두 명 주말에도 아지트에 오기를 원했고, 거의 매일 드나들다 보니 주일 아침에 자연스럽게 일어나 교회로 발걸음을 옮길 수 있었다. 매일같이 보아오던 선생님이 함께하는 예배는 어색하고 지루한 시간이 아니었기에 예배로의 연결도 무리 없이 이루어졌다. 결론적으로 말하자면, 특별한 방법은 없었다. 그저 함께 먹고 함께 놀고 이야기를 나누며 같은 공간에 머무는 시간이 쌓이다 보니 자연스럽게 교회를 소개할 수 있었고, 우리가 믿는 예수님에 대해서도 전할 수 있었다. 그렇게 아이들이 하나둘 예배에 참여하기 시작했고, 아지트를 찾는 아이들은 모퉁이돌교회에 출석하는 학생들과 그렇지 않은 학생들로 점차 구분되기 시작했다.

그 지점에서 우리는 새로운 방법을 고민하게 되었다. 그 핵심은 '존중'이었다. 아지트의 궁극적인 목적은 예수님을 알게 되고, 예배를 함께 드리며, 예수님을 통한 구원의 확신을 갖도록 돕는 데 있었기 때문이다. 모든 학생이 소중한 존재이지만, 그때부터 아지트에만 놀러 오는 학생들과 주일 예배까지 함께하는 학생들을 구별하기 시작했다. 모두를 사랑하되 구별하는 방식이었다. 주일 예배에 참여하는 아이들 스스로 "예배를 드리는 나의 모습이 특별하다"라고 느껴질 수 있도록, 존중받고 있다는 경험을 하게 하는 데 차별점을 두었다. 이것은 큰 범주에서 '멤버십'의 개념이다. 이 멤버십의 원칙은 아지트가 성황동에서 문화동으로 이전한 이후에도 변함없이 이어지고 있다.

현재도 아지트만 놀러 오는 학생들에게는 일주일에 한 번 컵라면을 제공한다. 반면, 주일 예배를 드리며 아지트에 놀러 오는 학생들에게는 매일 라면을 제공한다. 그것도 컵라면이 아니라 직접 끓인 라면을 정성껏 대접한다. 또한 아지트에만 놀러 오는 학생들은 게임기만 이용할 수 있지만, 예배를 드리는 아이들에게는 컴퓨터 게임까지 즐길 수 있도록 정당한 차이를 두었다. 결과는 기대 이상이었다. 더 많은 혜택을 누리고 더 많은 라면을 먹고 싶어 예배에 참여하는 아이들이 점점 늘어났다.

어쩌면 누군가에게는 다소 치사하게 느껴질 수도 있는 방법이었지만, 아지트를 운영하는 분명한 목적이 '예배로의 연결'이었기에 이러한 방법을 선택했다. 그 결과 더 많은 주변의 초등학교 학생이 주일 예배를 드리기 시작했고, 시간이 필요하고 노력이 필요하긴 했지만 교회학교는 인위적이지 않게 자연스러운 부흥을 경험할 수 있었다.

# 4. 교회를 함께 세워가다

교회의 한 해 사역 방향과 기준을 제시하는 표어를 정하는 일은, 단순한 문구를 선택하는 작업이 아니라 공동체의 나침반을 세우는 매우 중요한 사역이라 할 수 있다. 교회를 개척하면서 "사람을 모으는 교회가 아니라 세우는 교회"라는 문장을 평생 표어로 정한 이유도 여기에 있다. 이 표어는 교회의 성장을 성도의 수로 판단하는 것이 아니라, 한 사람의 삶이 하나님 앞에서 어떻게 세워지고 변화되는가를 기준으로 삼겠다는 고백이었고, 동시에 모퉁이돌교회의 정체성을 가장 분명히 드러내는 표어이다.

이 평생 표어를 중심에 두고 나아가지만, 교회는 매년 새로운 표어를 통해 다시 한 번 방향을 점검하며 걸음을 내딛어야 한다. 개척 초기 몇 해 동안은 성도들 대부분이 어린 학생들이었기에, 자연스럽게 담임목사인 내가 표어를 정했다. 그러나 시간이 흐르며 아이들이 자라고 교회가 함께 성장해 가는 과정을 통해 분명히 깨닫게 된 사실이 있었다. 교회는 결코 목사 혼자서 이끌어 갈 수 있는 공동체가 아니라는 것이다.

그 깨달음은 한 해의 표어를 정하는 방식에 대한 고민으로 이어졌다. 나는 성도들이 이 과정에 참여하기를 바랐다. 비록 어린 학생들이었지만, 교회가 나아갈 방향을 제시하는 표어를 함께 기도하며 고민하고 제안하는 과정 자체가 교회를 사랑하고 교회의 주인으로 서는 귀한 기회가 될 것이라 믿었다. 그렇게 모퉁이돌교회는 2018년부터 지금까지 매년 성도들이 직접 표어를 제안해 오고 있다. 물론 최종 결정은 담임목사가 하지만, 그 표어 속에는 언제나 성도들의 신앙 고백과 교회를 향한 사랑이 담겨 있다. 그래서 해마다 표어를 정하는 그 달은 늘 설렘과 기쁨으로 가득하다.

초등학교 6학년 성도가 제안한 "강하고 담대하라"라는 표어를 통해, 비록 어린 학생들이 중심이 된 공동체였지만 믿음의 길을 강하고 담대하게 걸어갈 수 있다는 확신을 교회에 심어 주었다. 군 입대를 앞두고 두려움을 이기고 싶다는 한 성도의 고백에서 비롯된, "내가 너와 함께하느니라"라는 표어는 모퉁이돌교회 전체에 큰 위로와 힘이 되었다. 암이라는 고통 속에서도 하나님을 찬양하게 하신 사모의 고백은 "나의 안에 거하라"라는 표어로 남았고, 교회에 늦게 합류했지만 모퉁이돌교회를 통해 다시 증인의 삶으로 거듭나고 싶다는 성도의 고백은 "너, 내 증인이 되어라"라는 표어로 공동체의 길을 밝혀 주었다. 이렇게 성도의 삶과 고백, 교회의 이야기가 모퉁이돌교회의 표어 안에 담겨있다.

2026년 모퉁이돌교회 표어

담임목사가 일방적으로 정한 표어가 아니라, 성도들이 삶으로 고백하며 정한 표어였기에 그 힘은 더욱 컸다. 아이들이 자라며 함께 성장했고 그 성장 위에 교회가 세워지며 부흥해 온 모퉁이돌교회는, 이렇게 성도 한 사람 한 사람의 고백이 모여 오늘의 공동체를 이루어 왔다. 그렇게 지내온 지난 10년, 성도들이 정한 표어는 지금도 모퉁이돌교회를 더욱 단단하고 건강하게 이끌어 가는 원동력이 되고 있다. 이러한 여정을 돌아보며 한 가지를 분명히 고백하게 된다. 교회는 한 목사 개인의 교회가 아니라, 하나님께서 부르신 공동체 모두의 교회라는 사실이다. 그러므로 모든 교회가 목사 혼자의 판단과 결정으로만 세워지기보다 성도들이 함께 기도하며 고민하고 각자의 자리에서 의견을 나누며 합심하여 하나님의 뜻을 분별해 가는 공동체가 되기를 소망한다. 연약해 보일지라도 함께 세워져 갈 때 교회는 더욱 건강해지고, 그 안에서 하나님께서는 다음 세대를 통해서도 동일하게 역사하신다. 모퉁이돌교회의 이야기가, 모든 교회가 '함께 세워 가는 교회'로 나아가는 데 작은 격려와 도전이 되기를 바란다.



신앙 1세대가 대부분인 다섯 평 모퉁이돌교회의 재정은 늘 어려웠다. 성도들 가운데 학생들이 많다 보니, 모이는 헌금 자체가 거의 없었다. 그러나 성도들을 섬기기 위한 지출은 계속되었고, 그로 인해 교회 재정은 언제나 부족할 수밖에 없었다. 교회와 가정을 동시에 책임져야 했던 나는 결국 이중직을 선택할 수밖에 없었고, 교회는 목사 가정이 재정을 감당하는 구조로 운영되기 시작했다. 교회를 개척한 이후, 나는 학생들에게 헌금이나 십일조를 강조하지 않았다. 교회 운영을 위해 재정이 필요하다는 사실을 모르지 않았지만, 경제 활동을 하지 않는 학생들이 대부분이었고, 신앙 1세대가 주를 이루던 모퉁이돌교회의 상황에서 이론적인 헌금 교육은 오히려 반감을 불러일으킬 수 있다고 판단했기 때문이다.

그래서 나는 가르치기보다 먼저 보여 주기로 했다. '실제적인 재정 교육은 그때부터 시작되었다.' 우선 신앙이 조금이라도 자리 잡힌 성도들부터, 교회에 어떤 재정이 필요하고 어떻게 사용되는지를 하나씩 투명하게 나누었다. 그리고 무엇보다 성도들을 우선해 지속적으로 투자했다. 함께 먹고 함께 놀며, 헌금을 언급하지 않았고, 오히려 내 것을 성도들에게 계속 나누어 주었다.

가정의 살림은 늘 빠듯했지만, 감사하게도 하나님께서는 다섯 평 작은 교회를 위해 후원자들을 붙여 주셨다. 그리고 후원받을 때마다 단돈 만 원일지라도 그 사실을 성도들과 빠짐없이 공유했다. 나는 맡겨진 자리에서 최선을 다해 성실하게 살아가려 애썼고, 담임목사가 어떻게 살아가며 어떤 삶의 태도를 가졌는지를 아이들 앞에 숨김없이 보여 주었다. 그러나 아이들은 교회 통장으로 들어오는 후원금에 놀라워하면서도, 자신의 것을 하나님께 드리지는 않았다. 주일 헌금이나 십일조를 실천하기까지는 오랜 시간이 필요했고, 그 시작은 교회에 위기가 찾아오면서부터였다.

### 십일조 의리론

십일조 헌금은 당연히 하나님을 믿는 믿음으로 드리는 헌금이다.

그러나 신앙 1세대들로 이뤄진 모퉁이돌교회 개척 초기에는 이런 말이 있었다.

"십일조 의리론"

십일조 헌금은 하나님을 믿는 믿음과 주신 놀라운 은혜에 대한 감사, 그리고 내가 가진 것이 내 것이 아니라 모두 하나님께 속해 있다는 고백으로 드리는 것이다. 그렇기에 '십일조 의리론'이라는 표현은 자칫 이상하게 들리거나, 심지어 위험하게 느껴질 수도 있다. 그러나 이것은 모퉁이돌교회가 어떻게 성장해 왔는지를 보여 주는 하나의 대표적인 사례이기도 하다. 당시에는 목회자도 경험이 부족했고 성도들 또한 어렸기에 우리의 출발은 종종 부족하고 지극히 인간적인 생각에서 비롯되곤 했다. 그런데도 신실하신 주님께서는 그러한 연약함 속에서도 우리를 바른길로 인도하시고 결국 선한 열매를 맺게 하셨다.

"십일조 의리론"이란 말은 신앙 1세대인 성도들에게 믿음의 고백이라기보다는 교회를 사랑하는 마음을 표현하는 방식이었다. 또한 교회 재정이 너무나 열악했던 상황 속에서 가정과 교회를 함께 책임지기 위해 낮에는 일하고 밤에는 야간 대학원에 다니며 성실히 살아가던 담임목사를 위로하고 돕고자 하는 마음이 담긴 표현이기도 했다. 당시 성도들의 믿음은 아직 연약했지만, 그들은 내가 한 가정의 가장이자 목회자로서 최선을 다해 살아가고 있다는 사실만큼은 분명히 알고 있었다고 한다. 그리고 그 신뢰와 마음을 더욱 깊이 얻게 된 결정적인 사건이 하나 있었다.

열심히 일하며 목회를 이어 가던 개척 2년 차 신부동 시절, 매주 거리에서 전도하던 나에게 하나님께서 주신 기회라 느껴질 만큼 뜻밖의 제안이 찾아왔다. 바로 호서대학교 교목으로 섬길 기회였다. 개척 이후 첫 사례비가 월 5만 원이었던 나에게 호서대학교 아산 캠퍼스 교목 자리는 매우 매력적인 사역지였다. 여러 가지 고민 끝에 나는 이력서를 제출했고, 면접을 거쳐 호서대학교 아산 캠퍼스 교목으로 근무를 시작하게 되었다. 학교의 배려 덕분에 교회 목회와 교목 사역을 병행할 수 있었고, 당시 월 20만 원의 사례비밖에 드릴 수 없던 성도들 역시 내가 교목 사역을 하게 된 것을 기쁨으로 받아들이며 진심으로 응원해 주었다.

모퉁이돌교회는 여전히 개척 교회였고 성도 대부분이 학생들이었기에 목회와 교목 사역을 동시에 섬기는 데 큰 무리는 없었다. 그렇게 시

호서대 교목 시절, 전국 대학교수 선교대회에 참석하였다

간이 흘러 2년의 계약기간이 마무리되었다. 감사하게도 학교에서는 나의 사역을 긍정적으로 평가하여 교목직 5년 재계약을 제안해 주었다. 그러나 그 무렵 교회는 점차 성장하고 있었고, 청년들도 눈에 띄게 늘어나면서 두 사역을 병행하는 것이 현실적으로 점점 어려운 상황이 되었다. 개인적으로도 매우 고민이 되었지만, 교회를 생각하면 선택은 분명했다. 결국, 나는 호서대학교가 제안한 재계약을 포기하고 모퉁이돌교회 목회 사역에만 전념하기로 결단했다.

개척 교회를 목회하는 것보다 교목 사역이 더 안정적이고 나은 선택이 아니었냐는 질문을 종종 받는다. 그러나 하나님께서 나를 처음 부르신 곳은 모퉁이돌교회였고, 교회가 부흥의 길로 나아가던 그 시점에 교목 사역은 오히려 목회에 방해가 될 수 있다고 느꼈다. 무엇보다 '교회를 섬기는 목사'보다 '교목'이라는 정체성이 더 커질 것을 염려하게 되었고, 그 고민 끝에 과감히 사임을 선택하게 되었다. 이것이 모퉁이돌교회를 향한 나의 초심이었다.

그때부터였다. 다시 월 20만 원의 사례비를 받는 목회자로 돌아온 나는 생계를 위해서 이중직을 다시 선택할 수밖에 없었다. 그 모습을 지켜본 성도들은 내가 모퉁이돌교회 사역을 내려놓고 호서대학교 교목으로 계속 사역할 수도 있었음에도 교목이 아닌 모퉁이돌교회의 담임목사를 선택해 주었다는 사실에 깊이 감사했다. 그때 몇몇 성도 아이들이 고마운 마음으로 교회 재정에 조금이나마 보탬이 되고 싶어 헌금을 시작하게 되었다고 고백했다. 그것이 바로 이른바 '십일조 의리론'의 시작이었다.

물론 헌금은 사람을 보고 드리는 것이 아니다. 그것은 분명 바람직하지 않은 일이다. 그러나 신앙 1세대였고 아직 믿음이 온전히 자리 잡지 않았던 당시의 모퉁이돌교회 성도들에게 십일조는 담임목사에 대한 감사의 표현이었고 교회를 지키고 싶다는 의리의 고백이었다. 현재 모퉁이돌교회는 청장년 성도 35명 가운데 30명 이상이 십일조 헌금을 온전히 드리고 있다. 그 헌금을 통해 교회는 운영되고 교회 직원과 사역자들에게 사례비를 지급할 수 있게 되었다. 5~6년 전, 담임목사에 대한 의리로 십일조를 드리기 시작했던 성도들은 이제 하나님을 자신의 창조주로, 예수님을 자신의 구원자로 온전히 고백하는 청년들로 성장했다. 그리고 교회는 개척 10년이 지난 지금 재정적으로 자립할 수 있는 공동체가 되었다.

'십일조 의리론'은 결코 올바른 신학적 표현은 아니다. 그러나 이것이 모퉁이돌교회에서만 일어날 수 있었던 일이며, 모퉁이돌교회이기에 나올 수 있었던 귀한 고백이라는 사실만큼은 분명하다.

그렇다면 성도들은 어떤 교육을 통해 십일조 헌금을 드리게 되었고 교회는 어떻게 자립할 수 있었을까? 모퉁이돌교회는 따로 시간을 내어 헌금에 대한 교육을 진행하지 않는다. 대신 주일 설교와 소그룹 나눔, 그리고 목회자 가정과 성도들의 삶을 서로 나누는 과정을 통해 자연스럽게 배우고 결단하도록 돕고 있다.

현재 모퉁이돌교회는 장년 성도의 비율이 높지 않다. 장년 성도가 많다고 해서 모두가 십일조를 드리는 것은 아니지만, 장년 성도가 적다는 것은 곧 청년 성도들의 헌신으로 교회를 이끌어 가야 한다는 의미이기도 하다. 그래서 학생에서 청년으로 성장한 성도들이 교회가 건강하게 운영될 수 있도록 자신의 몫을 책임지려 애쓰고 있고, 학생들은 그러한 청년들의 모습을 보며 자연스럽게 믿음 안에서 자라가고 있다.

### 교회 차량 구매

2017년, 십일조 헌금이 시작된 이후 모퉁이돌교회에 나타난 가장 큰 변화는 성도들이 교회의 필요를 '누군가가 해 주어야 할 일'이 아니라, '우리가 함께 감당해야 할 책임'으로 받아들이기 시작했다는 점이었다. 교회를 개척한 지 2년이 지나도록 모퉁이돌교회에는 제대로 된 교회 승합차가 없었다. 하나님의 은혜로 운산의 한 교회를 통해 중고 승합차 한 대를 지원받았지만 1년도 채 사용하지 못한 채 폐차해야 했고 교회에는 사용할 수 있는 차량이 없었다. 그 무렵 한 청년이 조심스럽게 입을 열었다.

"목사님, 이제는 우리도 교회에 제대로 된 차 한 대쯤은 있어야 하지 당시 3천만 원가량의 승합차를 구매하려면 최대 60개월 할부를 적용하여 매달 약 50만 원의 지출이 필요했다. 당시 모퉁이돌교회의 재정 형편으로는 결코 쉬운 결정이 아니었다. 하지만 청년들은 자신들이 책임지고 감당하겠다며 승합차 구매를 강하게 원했고, 결국 그해 6월 모퉁이돌교회는 승합차 한 대를 마련하게 되었다.

늘 어린 학생일 것만 같았던 성도들이 어느새 대학생이 되고 한 사람 두 사람 사회생활을 시작하며 교회를 위해 무엇인가를 감당하려는 모습은 담임목사인 나에게 큰 기쁨이자 깊은 감동이었다. 그러나 승합차 구매와 함께 교회에는 새로운 빚이 생겼고, 신부동의 다섯 평 교회에서 성황동으로 이전하면서 발생한 1,000만 원의 빚 역시 교회의 부담으로 남아 있었다. 청년 성도들의 헌신으로 빚은 조금씩 줄어들고 있었지만, 교회의 재정은 늘 빠듯한 상태였다. 그럼에도 단 한 번의 연체 없이 성실히 상환해 나가던 중 예상치 못한 큰 위기가 찾아왔다.

아내가 암 진단을 받은 것이다.

이 사건은 교회에는 큰 위기였지만, 동시에 잊을 수 없는 깊은 감사의 간증도 되었다. 아내가 암 진단을 받고 지급된 보험금으로, 승합차의 남은 할부금 약 1,000만 원과 교회 이전 과정에서 발생한 빚 1,000만 원, 총 2,000만 원의 교회 부채를 모두 갚게 된 것이다. 결코 적은 금액이 아니었기에, 나는 아내에게 어떤 마음으로 그런 결단을 할 수 있었는지 물었다. 아내는 하나님께서 반드시 자신을 살려 주실 것이라는 확신이 있었다고 고백했다.

그리고 이 재정 또한 하나님께서 허락하신 것임을 믿었기에, 교회의 빚을 갚아 교회 재정에 도움이 되고 싶었다고 말했다. 사모로서 교회를 위해 헌금하는 것은 당연한 일이라고 담담히 고백하는 아내의 말은 나에게 큰 울림으로 다가왔다.

하나님을 향한 아내의 믿음과 교회를 향한 사랑, 그리고 그동안 매달 50만 원씩 할부금을 함께 감당해 주었던 청년들의 헌신이 더해져 모퉁이돌교회는 단숨에 모든 빚을 정리할 수 있었다. 아내가 받은 보험금으로 가정의 빚과 교회의 빚을 모두 갚게 된 이 모든 과정을 통해 우리는 오직 하나님께만 영광을 돌릴 수밖에 없었다.

아내의 헌신으로 상환 기간은 예상보다 일찍 마무리되었고, 개척 초기에는 감히 상상조차 할 수 없었던 일들을 모퉁이돌교회는 경험하고 있었다. 2025년 현재, 2017년에 구매한 교회 승합차의 주행거리는 어느덧 15만 km를 넘어섰다. 언젠가 다시 승합차를 구매해야 할 날이 오겠지만, 지금보다 훨씬 더 어려웠던 시절에도 우리는 감당했고, 끝까지 완주했다. 그 경험은 머리로 계산할 수 없는 하나님의 은혜를 깨닫는 순간이었고, 다시 어떤 상황이 찾아오더라도 우리는 믿음으로 함께 감당해 낼 수 있다는 깊은 확신으로 남아 있다.

모퉁이돌교회 첫 승합차

## | 전부를 드리는 아이들 |

가난한 과부의 '두 렙돈'은 액수로 보면 가장 작은 헌금이었지만, 예수님의 눈에는 가장 큰 믿음의 고백이었다. 그것은 금액의 문제가 아니라 자기 삶 전체를 하나님께 맡기는 신뢰의 문제였기 때문이다. 모퉁이돌교회의 지난 10년 역시 성경 속 과부의 이야기와 크게 다르지 않았다. 모퉁이돌교회는 풍족함 속에서 성장한 공동체가 아니라 부족함 가운데서 하나님을 신뢰하는 법을 배워 온 공동체였다. 개척의 시작부터 오늘에 이르기까지 함께 걸어온 시간 속에서 우리는 분명히 깨달았다. 하나님께서 교회를 세우실 때 사용하시는 것은 언제나 크고 화려한 헌신이 아니라, 가진 것 전부를 맡기는 믿음이라는 사실이다.

모퉁이돌교회에 특별한 교육 프로그램이 없는 이유도 여기에 있다. 우리는 아이들에게 무엇을 가르치기보다, 하나님을 어떻게 신뢰하며 살아가는지를 알려주었다. 아이들은 설교보다 삶을 통해 하나님을 보았고, 계산보다 순종을 통해 신앙을 배웠다. 그 결과, 작아 보였던 아이들의 손길은 시간이 흐르며 교회를 떠받치는 든든한 기둥이 되었다. 이 장에 기록된 아이들의 헌신은 단순한 미담이 아니다. 그것은 오늘의 교회를 향한 질문이며, 우리 각자를 향한 물음이다. 우리는 무엇을 드리고 있는가. 그리고 무엇을 붙들고 있는가?

비록 우리의 헌신이 과부의 두 렙돈 같이 작아 보일지라도, 그것이 하나님 앞에 '전부'라면 하나님께서는 그 믿음을 통해 반드시 교회를 세워 가신다. 하나님은 오늘도 여전히 작은 손에 쥐어진 두 렙돈을 통해 그분의 나라를 조용히, 그러나 분명하게 세워 가고 계신다.

**"목사님, 수련회 가요!"**

개척 후 모퉁이돌교회의 재정은 넉넉하지 않았지만, 여름과 겨울마다 교회의 멤버십과 결속력을 다지기 위해 자체 수련회를 진행했다. 밖으로 나가는 수련회를 하면 더 특별하고 좋을 수도 있었지만, 재정적인 이유도 있었고 문득 "평생 교회에서 몇 번이나 잠을 잘 수 있을까?"라는 생각이 들었다. 1년에 두 번이라도 교회에서 함께 자고 시간을 보내며, 교회에 정을 붙이고 서로 더 가까워지고 싶었던 마음으로 교회 안에서 수련회를 진행하게 되었다.

그러나 계속된 재정의 어려움으로 인해 어느 순간 수련회를 진행할 수 없는 상황에 놓이게 되었다. 결국 교회의 재정 상태를 어린 성도들에게 알릴 수밖에 없었고, 성도들은 아쉬워했지만 당시 학생들로 이루어진 공동체로서는 받아들여야 할 헌신이기도 했다.

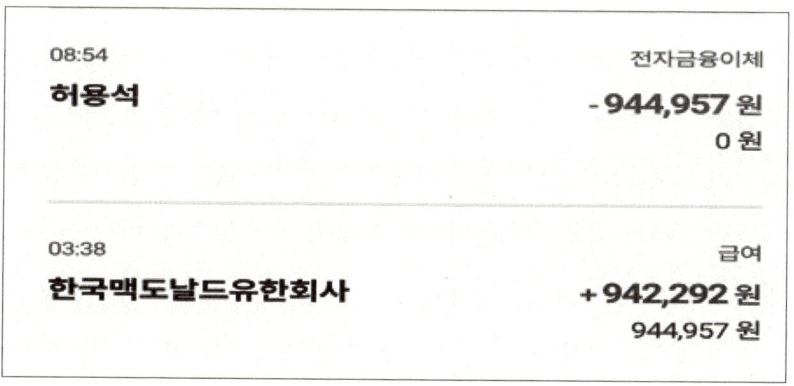



십일조 의리론이 시작된 모퉁이돌교회 첫 전액헌금

교회 재정에 관한 이야기를 한 다음 날 아침, 지금은 모퉁이돌교회 1호 집사가 된 최민석 집사에게서 전화가 왔다. 이른 시간이었지만, 잠깐 만나서 꼭 드릴 말씀이 있다는 연락이었다. 집 앞에서 최민석 집사를 만났는데, 그의 손에는 하얀 봉투 하나가 들려 있었다. 최민석 집사는 그 봉투를 내밀며 말했다. "목사님, 우리 수련회 가요."

그 봉투 안에는 최민석 집사가 한 달 동안 아르바이트하며 번 월급 94만 5,000 원이 들어 있었다. 당시 최민석 집사는 고3 졸업을 앞둔 19살이었다. 최민석 집사는 신앙 1세대이자 개척 멤버였다. 이전에 사역하던 교회에서 전도사로 섬길 때 친구를 따라 처음 교회에 나와 만났던 어린 학생이었다.

최민석 집사는 나중에 이렇게 이야기했다. 매일 맛있는 것을 사 주고 자신을 챙겨주는 목사님이 좋아서, 교회를 개척한다고 했을 때 아무 생각 없이 따라왔다는 것이다. 그렇게 개척 멤버로 함께 예배드리며 모퉁이돌교회와 함께 신앙생활을 해 왔고, 교회를 통해 하나님의 일하심을 보고 느끼며 자신의 믿음도 자라났다고 고백했다. 첫 겨울 수련회 때, 나는 어린 시절의 어려웠던 삶과 월급 전부를 하나님께 드리며 기도했던 이야기를 간증한 적이 있었다. 아직 신앙이 없던 민석이에게 나는 "민석아, 믿음으로 헌금해야지?"라고 물은 적이 있었다. 그때는 믿음이 없어서 "네"라고 대답할 수 없었지만, 이번에는 어떤 마음이 들었는지 일하며 받은 월급 전부를 하나님께 드려야겠다는 생각이 들어, 그 마음이 변하기 전 아침 일찍 그대로 가지고 나왔다고 고백했다.

나중에 알게 된 이야기지만, 최민석 집사는 교회에 전액 헌금을 드린 후 자신이 부모님께 한 번도 용돈을 드린 적이 없다는 사실이 마음에 걸려, 다음 달 월급 100만 원을 부모님께 그대로 드렸다고 했다. 하늘 아버지께도, 육신의 부모님께도 자신의 전부를 드린 이 고백을 통해 최민석 집사의 신앙은 눈에 띄게 성장하기 시작했다. 그는 어려운 순간마다 하나님을 의지했고, 누구보다 하나님을 사랑하는 청년으로 자라났다.

10년 전 드렸던 그 헌금으로 인해 지금의 최민석 집사가 있고, 모퉁이돌교회도 건강하게 성장하고 있다고 나는 믿는다. 이제 최민석 집사는 모퉁이돌교회의 집사이자 운영위원으로 섬기고 있으며, 교회에서 만난 아내와 함께 믿음의 가정을 이루었다. 나는 그 가정을 통해 태어날 다음세대를 기대하며 기도하고 있다.

그 시절, 교회가 가장 어려웠을 때 드려진 최민석 집사의 94만 5,000원 헌금을 시작으로 교회 청년들 사이에 첫 월급을 하나님께 드리는 귀한 전통이 이어졌다. 지금은 청년들이 더 큰 액수의 첫 월급을 전부 헌금으로 드리기도 하지만, 최민석 집사의 헌금이 특별하게 기억되는 이유는 당시 모퉁이돌교회의 한 달 재정이 고작 20만 원에 불과했기 때문이다. 한 달 재정의 다섯 배에 가까운 그 헌금은

10년이 지난 지금도 모퉁이돌교회에서 가장 먼저 전해지는 귀한 간증으로 남아 있다.

**"결혼을 주님께 맡깁니다"**

2023년 5월 모퉁이돌교회는 부흥하였다. 많은 성도가 모였고, 누구보다 하나님께 순종했으며 교회를 사랑했다. 재정적으로 어려웠던 시절이 있었지만, 개척 후 10년이 지난 2024년의 모퉁이돌교회는 10년 전 모퉁이돌교회와는 완전히 다른 모습으로 지내고 있었다. 5평이던 교회는 105평으로 확장되었고, 평균 연령도 16.5세에서 21.5세로 성장했다. 주축 멤버들의 성장은 곧 교회의 성장으로 이어졌고 교회 공간은 점점 비좁아졌다. 우리는 다시 한 번 교회 이전을 준비해야 할 때가 왔음을 느꼈다.

이전을 고민하긴 했지만, 첫 번째 이전 때처럼 오랜 시간의 고민이나 큰 갈등은 없었다. 40평 성황동 교회는 이미 좁아졌고 이전은 선택이 아닌 필수가 되었다. 그렇게 2023년 5월, 우리는 105평 규모의 새로운 교회로의 이전을 준비하게 되었다. 공사와 준비해야 할 것들이 많았지만, 모든 과정은 은혜 가운데 잘 마무리되었고 이전도 순조롭게 진행되었다.

이제 남은 것은 교회 물품을 채우는 일이었다. 그중에서도 가장 큰 고민은 교회 의자였다. 성도들이 가장 오랜 시간 앉아 있어야 할 의자였기에 신중할 수밖에 없었다. 그때 김광길 성도의 목적 헌금이 교회 통장으로 입금되었다. 교회 이전 후 의자를 구매하는 곳에 사용해 달라며 드린 500만 원의 헌금이었다. 이 헌금은 김광길 성도의 신앙 고백이었다.

"결혼을 주님께 맡깁니다."

결혼을 준비하며 돈을 모으고 있던 김광길 성도였지만 결혼보다 먼저 주님의 교회를 위해 귀한 헌금을 드렸다. 현재 김광길 성도는 누구보다 순종하며 헌신하는 모퉁이돌교회의 귀한 성도이자 예수님의 제자이다. 한때는 교회에 등을 돌리고 목회자를 미워했던 과거가 있었다. 그러나 그는 자신의 과거를 깊이 회개하고 교회로 돌아와 묵묵히, 그리고 성실하게 예배하며 신앙생활을 이어왔다.

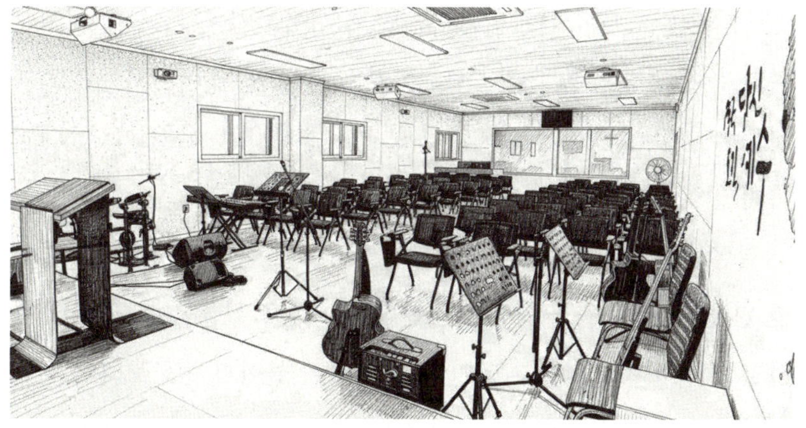

김광길 성도가 드린 의자 헌금으로 완성된 모퉁이돌교회 본당

7년 전, 김광길 성도는 운영위원으로 세워졌다. 함께 5평 교회에서 시작했던 한 운영위원이 교회를 떠나게 되었고, 그 빈자리를 채워야 했다. 사실 김광길 성도는 두 번째 후보였다. 하지만 첫 번째 후보였던 청년의 대답이 "기도해 보겠습니다."였고, 김광길 성도의 대답은 "맡겨 주시면 순종하는 마음으로 열심히 하겠습니다"였다. 나는 그 대답을 듣고 고민 없이 김광길 성도를 운영위원으로 세우게 되었다.

한때는 목회자를 미워하고 비난하기도 했던 김광길 성도였지만 다시 돌아온 이후 김광길 성도는 모든 일에 순종했고, 그 결과 나는 그와 가장 많은 선교의 시간을 동행하게 되었다. 하는 일이 조금은 자유로워 시간적인 여유가 있었던 점도 이유였지만, 언제나 "함께 가자"고 하면 감사함과 순종의 마음으로 동행해 주었다. 모퉁이돌교회가 캄보디아 선교를 본격적으로 시작하기 전, 김광길 성도는 나와 함께 정탐에 동행했던 성도이기도 하다. 언제 어디서든 교회가 필요하면 달려와 헌신하는 그의 모습을 통해 모퉁이돌교회는 여기까지 올 수 있었던 것 같다.

결혼보다 교회를 더 중요하게 생각하며 드린 김광길 성도의 500만 원 헌금, 그 마음을 주님께서 분명 기뻐 받으셨을 것이다. 한때 목사를 원망하며 교회를 떠났던 성도가 다시 돌아와 누구보다 교회를 사랑하고 목회자에게 순종하며 신앙 생활하는 모습은 많은 이들에게 큰 도전이 된다. 김광길 성도는 지금도 변함없이 신앙생활에 힘쓰고 있다. 2023년, 결혼을 위해 모아온 헌금과 함께 "결혼을 주님께 맡깁니다"라고 기도하며 드렸던 그의 고백을 주님께서 들으시고 아름다운 예비 신부를 2024년에 허락해 주셨다. 김광길 성도는 2026년 8월 29일에 결혼식을 올릴 예정이다.

### "나의 장례를 모퉁이돌교회에 맡깁니다"

"목사님, 드릴 말씀이 있는데요. 아침이 이르긴 한데, 잠깐 뵐 수 있을까요?"

최대옥 집사님이 모퉁이돌교회에 처음 오셨던 날이 지금도 또렷하다. 평소 알고 지내던 몽골 선교사님이 한국에 잠시 머무르실 때 함께 교회를 방문하신 것이 그 시작이었다. 집사님은 1년 동안 몽골 아가페병원에서 해외 봉사단원으로 사역하셨지만, 전 세계를 덮친 코로나19로 인해 더 이상 해외 사역을 지속할 수 없게 되었다.

'이제 어디에서 선교해야 할까?'

그 질문 앞에 서 있던 시간, 집사님은 모퉁이돌교회에서 예배드리게 되었고 기도 가운데 하나님께서 "이스라엘의 잃어버린 양에게로 가라"(마 10:6)는 말씀으로 응답해 주셨다고 고백했다. 그 말씀 앞에서 집사님은 이 교회에서 예배하며 함께 걸어가기로 결단하셨다.

집사님은 늘 "하나님이 부르시면 언제라도 떠나야죠"라고 담담하게 말하시곤 했다. 그래서 3년 가까이 함께 지내온 집사님이 이른 아침부터 "드릴 말씀이 있다"라며 만나자고 하셨을 때, 그 연락이 솔직히 반갑게만 느껴지지는 않았다. 혹시 '떠나신다'라는 이야기는 아닐까 하는 염려가 앞섰기 때문이다.

집사님은 65세의 연세에도 누구보다 열정이 넘치셨고, 하나님을 진심으로 사랑하셨다. 모퉁이돌교회에서 진행되는 거의 모든 사역에 참여하셨고, 캄보디아 선교에도 두 차례나 함께 하셨다. 특히 우리 교회에는 현직 간호사와 간호학과에 재학 중인 청년들이 많은데, 서울대병원 근무 경험과 의료선교 현장에서 쌓아온 집사님의 삶의 이야기는 청년들에게 깊은 배움이 되었다.

"집사님, 무슨 일이세요?"

내 질문에 집사님은 잠시도 머뭇거리지 않고 말씀하셨다.

"목사님, 제 장례를 모퉁이돌교회에 맡깁니다."

그 한마디에 나는 쉽게 말을 잇지 못했다. 집사님은 그동안 섬겨왔던 교회들이 대부분이 대형 교회였다고 하셨다. 그러나 모퉁이돌교회를 섬기며, 목사와 사모가 성도들을 말씀과 사랑으로 양육하고 삶으로 신앙을 살아내는 모습, 그리고 헌신된 청년들의 신실한 신앙을 보며 매일 배우고 은혜를 경험하고 있다고 고백하셨다. 그래서 이 교회에 자신의 마지막을 맡기고 싶다고, 이 교회에 뼈를 묻고 싶다고 정중히 부탁하셨다.

얼마나 감사한 고백이었는지 모른다. 사실 청소년과 청년들이 주축이 되어 세워진 모퉁이돌교회에는 늘 장년 성도의 부재가 아쉬움으로 남아 있었다. 신앙을 본받을 수 있는 믿음의 롤모델이 목회자 가정 외에는 거의 없었기 때문이다. 그런 의미에서 집사님이 모퉁이돌교회와 함께 걸어온 시간들은 교회 공동체에 더없이 큰 교육이 되었고, 살아 있는 신앙의 길잡이와도 같았다.

하나님께 쓰는 편지를 읽는 최대욱 집사님

그동안 장년 성도들이 모퉁이돌교회를 찾은 적은 적지 않았다. 그러나 대부분은 오래 머물지 못하고 떠나갔다. 그렇게 10년을 걸어오며, 청년들 역시 장년이 교회에 온다고 해서 큰 기대를 품지 않게 되었다. 최대옥 집사님 역시 처음에는 그중 한 분일 것으로 생각했다. 그러나 집사님은 달랐다. 1년, 2년, 그리고 어느덧 3년의 시간을 단순히 자리에 머문 것이 아니라 교회의 모든 사역에 동참하며, 청년들에게 바른 신앙과 성숙한 장년의 모습을 보여주시며 하나님께 함께 예배했다. 기꺼이 청년들의 멘토가 되어 주셨고, 모퉁이돌교회가 그랬던 것처럼 삶으로 신앙의 롤모델이 되어 주셨다.



이 고백은 모퉁이돌교회에 큰 힘이 되었다. 집사님은 장로교회에서 집사 직분을 받으신 분으로, 모퉁이돌교회 멤버십에 들어오기 위해 2024년 7월에 침례도 받으셨다. 지난 3년간의 헌신적인 동행과 교회 안에서의 모범적인 삶을 통해 2026년 3월에 모퉁이돌교회 집사 직분을 받게 된다. 모퉁이돌교회 안에서 함께 걸어온 그 시간이 성도들 앞에서, 그리고 하나님 앞에서 칭찬받고 인정받는 순간이 될 것이다. 나는 그날을 기도하며 기다리고 있다.

예수님을 만나 제자들의 삶이 완전히 달라졌던 것처럼, 이 장에 소개되는 성도들의 변화 역시 특별한 사람이었기 때문이 아니라 예수님을 만났기 때문에 가능했다. 모퉁이돌교회는 그 변화의 주인공이 되기보다, 예수님께서 한 사람의 인생을 만지시는 자리를 함께 지켜본 공동체였다. 개척의 부족함 속에서 시작된 교회이지만 다음 세대와 함께 걸어온 시간, 재정의 어려움 속에서도 멈추지 않았던 사역, 작은 헌신을 귀히 여기신 하나님의 은혜까지, 이 모든 이야기의 중심에는 언제나 '한 사람'이 있었다.

하나님께서는 늘 숫자가 아니라 사람을 통해서 교회를 세우셨고, 모퉁이돌교회는 그 부르심에 순종하며 사람을 기다리고 품는 공동체가 되기를 원하며 여기까지 걸어왔다. 교회는 완성된 사람들이 모이는 곳이 아니라, 예수님을 만나 변화되어 가는 사람들이 머무는 자리이다. 그리고 그 변화는 화려한 프로그램이나 특별한 능력이 아니라, 예배와 교제 그리고 사랑으로 함께하는 공동체 안에서 일어난다.

### "목사님 안녕하세요?"

8년 전인 2017년, 이제 갓 대학생이 된 이지영 성도는 대학교 1학년 2학기가 시작될 무렵, 처음 교회에 발을 디뎠다. 내성적이고 조용하며 말수가 거의 없었던 그의 첫 모습을 지금도 기억한다. 솔직히 그 모습을 보며 우리 교회에 잘 적응할 수 있을지 걱정했던 것이 사실이다. 그러나 이지영 성도는 누구보다 묵묵히 자신의 자리에서 교회를 지켜 온 성도였다. 조용한 성격의 이지영 성도가 처음부터 중직으로 헌신했던 것은 아니지만, 돌이켜보면 이지영 성도는 늘 자신의 자리에서 예배에 충실했고, 누가 시키지 않아도 자신이 할 수 있는 일을 찾아 감당하던 성도였다.

그렇게 교회의 한 지체로 예배하며 지내던 중, 갑작스러운 전도사님의 사임으로 사역의 공백이 생겼다. 예배 음향과 방송 장비를 다룰 수 있는 성도가 아무도 없던 상황에서 이지영 성도에게 간단한 방송 장비를 다룰 수 있는 달란트가 있다는 사실을 알게 되었다. 그때부터 이지영 성도는 맡겨진 일을 성실하게 감당하며 자연스럽게 중직의 자리로 세워지기 시작했다. 당시 교회는 규모가 작아 복잡한 장비는 없었지만, 교회의 특성상 방송과 음향을 다룰 수 있는 성도 자체가 귀했던 시기였다. 누구도 쉽게 채우지 못하던 그 빈자리를 이지영 성도가 묵묵히 감당해 주었다. 그 이후로 이지영 성도는 모퉁이돌교회의 가장 중요한 방송과 음향 사역을 맡게 되었다.

이지영 성도의 전공은 미디어가 아니라 상담이다. 그럼에도 이지영 성도는 오랜 시간 방송과 음향 사역을 책임지며, 언제나 자신의 위치에서 최선을 다해 섬겨왔다. 담임목사의 다소 무리한 부탁에도 싫은 내색 한 번 없이 항상 순종하며 걸어온 모습은, 비록 공식적인 직분은 없었지만 중직으로 세워질 수 있었던 가장 큰 이유였다. 스스로 늘 특별한 달란트가 없다고 말하지만, 이지영 성도는 모퉁이돌교회에서 다른 누구도 대신할 수 없는 사역을 감당하고 있다. 어느새 그는 중직 중 가장 어린 나이인 28살로, 오빠와 언니들 사이에 자연스럽게 자리하며 함께 동역하고 있다.

이지영 성도는 신앙 1세대로서 쉽지 않은 신앙의 길을 걸어왔다. 부모님은 예수님을 믿지 않으시기에 교회에 다녀올 때마다 지쳐 보이는 딸의 모습을 보며 교회에 대한 인식도 점점 부정적으로 변해 갔다고 한다. 이러한 가정환경 속에서 그는 신앙생활에 대해 깊이 고민하게 되었고, 오랜 고민 끝에 모퉁이돌교회로 교회를 옮기게 되었다. 이지영 성도의 고백에 따르면, 모퉁이돌교회에 정착한 이후 부모님의 교회에 대한 인식과 시선이 눈에 띄게 달라졌다고 한다. 이전 교회를 떠나 이곳으로 오게 된 이유 또한 자발적인 헌신이 가능한 공동체에서 신앙생활을 하고 싶었기 때문이라고 고백한다. SNS를 통해 보았던 모퉁이돌교회 성도들의 행복한 모습은 그에게 큰 고민과 동시에 용기를 주었고, 결국 나에게 직접 연락해 교회에 정착하게 되었다.

이지영 성도를 바라보며 나는 묵묵히 순종하며 걸어오는 걸음에 깊은 감사를 느낀다. 비록 교회 생활이 힘들어 모퉁이돌교회로 오게 되었지만, 누구보다 기쁨으로 사역을 감당하며 없어서는 안 될 중직으로 성장했다. 이지영 성도를 생각하면 하나님께서 사람을 어떻게 세워 가시는지 분명히 보게 된다. 이러한 이지영 성도의 회복은 아직 신앙이 없는 부모님에게도 영향을 미치고 있다. 부모님이 종종 교회 목사의 안부를 물어보시는 모습을 통해 그 변화를 느낄 수 있다. 이제 이지영 성도는 부모님을 전도할 계획을 품고 있다.

신앙생활 가운데 받은 상처로 모퉁이돌교회에 정착하게 된 이지영 성도를 통해 가정에도 영적인 회복이 일어나기를 기도한다. 다음 세대가 변화될 때 가정도 변화될 수 있음을 이지영 성도의 가정을 통해 다시 한 번 깨닫게 된다.

침례를 받는 이지영 성도

**"너, 장로님 되자!"**

개척을 앞두고 있던 시절 고등부 전도사로서 가진 마지막 여름 수련회였다. 당시 조민식 성도는 고등학교 1학년이었고, 수련회에 참석할 마음이 없어 보였다. 그러나 그렇다고 참석시키지 않을 수는 없었기에, 나는 조민식 성도를 설득해 함께 수련회에 참석하게 했다. 수련회 마지막 날 밤, 생각지도 못한 일이 일어났다. 조민식 성도가 울면서 기도하기 시작한 것이다. 나는 그에게 다가가 기도해 주기 위해 그의 등에 손을 얹었는데, 그때 느껴진 그의 등은 놀라울 만큼 뜨거웠다. 순간 나도 모르게 눈물을 흘리며 조민식 성도를 위해 기도했고, 그때 입에서 나온 말이 바로 "민식아 장로님 되자!"라는 고백이었다.

조민식 성도는 그 말에 "아멘!"이라고 화답했다. 지금 생각해 보면 왜 그 순간 "아멘!"이라고 대답했는지 잘 모르겠지만, 그 한마디는 조민석 성도의 인생을 바꾸기에 충분한 기도의 씨앗이 되었다. 그렇게 마지막 여름 수련회를 마치고, 그해 겨울 나는 개척을 시작했다. 그러나 조민식 성도가 처음부터 개척에 함께한 것은 아니었다. 개척 후에 한 달쯤 지났을 무렵, 조민식 성도가 나를 떠올리며 전화를 걸어 안부를 물었다. 내가 교회를 사임한 이후 두 달 넘게 예배를 드리지 않고 있다는 이야기를 듣고, 나는 조민식 성도를 모퉁이돌교회로 초대했다. 그리고 그는 그 초대에 응답하며 다섯 평 교회의 문을 열고 들어왔다.

예배에 참석하긴 했지만, 진정으로 예배하는 모습은 아니었기에 그가 왜 나의 초청에 응했는지도 헷갈리기 시작했다. 출석보다 결석이 더 많았고, 한 번은 술에 취한 채 냄새를 풍기며 예배에 참석한 적도 있었다. 그러나 하나님께서는 그해 여름 드려졌던 기도를 기억하고 계셨던 것 같다. 조민식 성도는 모퉁이돌교회에서 예배하며 조금씩 변화되기 시작했고 서서히 성장해 갔다. 물론 그의 신앙 여정에 위기가 없었던 것은 아니다. 하지만 위기가 찾아올 때마다 그는 하나님을 멀리했던 자신의 과거를 떠올렸고, 자신을 만나 주신 하나님과 어려울 때 함께해 준 교회를 기억했다. 이해되지 않는 순간에도 그는 목회자의 말에 순종하며 한 걸음씩 나아갔다. 그렇게 조민식 성도의 신앙은 깊어지고 단단해졌다.

어느 날, 교회에 온 지 얼마 되지 않은 한 성도가 조민식 성도와 운영위원들에게 이렇게 물었다고 한다.

"목사님도 사람이니 틀릴 수 있잖아. 그런데 왜 의심도 안 하고 전부 하라는 대로만 해? 너희 의견은 다를 수도 있잖아?"

그 질문에 민식이는 이렇게 대답했다고 한다.

"맞아, 목사님도 사람이니까 틀릴 수도 있지. 하지만 신앙의 중요한

결정 앞에서는 한 번도 목사님 말씀대로 결정해서 후회한 적이 없었

어. 그래서 우리는 목사님을 믿고 따라가."

그 말을 들은 성도는 큰 충격을 받았다고 한다. 그리고 그 질문을 던졌던 성도는 지금 모퉁이돌교회 집사가 된 전예지 집사이다. 지금은 전예지 집사 또한 리더인 목사를 잘 따라오고 있다.

이후 내가 호서대학교 교목으로 사역하게 되면서 태권도 사범 일을 내려놓게 되

침례를 받는 조민식 성도

었고, 조민식 성도는 나를 대신해 지금까지 독수리체육관의 사범으로 섬기고 있다. 일하면서 대학도 졸업하여 태권도장을 운영할 수 있는 모든 자격을 갖춘 조민식 성도는, 모퉁이돌교회에 와서 자신의 인생이 완전히 달라졌다고 고백한다. 이제는 쉽게 넘어지거나 흔들리지 않을 만큼 성장하여 교회의 중직이 되었고, 운영위원으로 함께 동역하고 있다.

"민식아! 장로님 되자!" 그날 수련회에서 드려졌던 기도가 이제

야 순종으로 달려가는 조민식 성도의 삶을 통해 역사하고 있다. 나는 이러한 민식이의 모습을 보며 모퉁이돌교회 가운데 일하신 하나님을 다시 기억하고, 앞으로의 역사하심을 더 기대하게 된다.

### "조금 쉬어도 괜찮아"

어느 날, 모퉁이돌교회에서 신앙을 회복하고 누구보다 열심히 예배하고 있던 이지영 성도로부터 연락이 왔다.

> "목사님, 제가 아는 선배 언니를 한 번 만나 주실 수 있을까요? 꼭 목사님을 만나야 할 언니예요."

그 연락에는 단순한 소개 이상의 의미가 담겨 있었다. 이지영 성도는 자신이 모퉁이돌교회에서 경험한 예배의 회복을 누군가에게 꼭 전하고 싶어 했다. 그렇게 이지영 성도의 소개로 이윤희 성도를 만나게 되었다. 당시 이윤희 성도는 백석대학교 3학년에 재학 중인 학생이었다.

직접 만나 이야기를 나누며 느낀 것은, 이윤희 성도가 신앙과 삶 모두에서 깊이 지쳐 있다는 사실이었다. 이지영 성도는 선배의 모습에서 과거 자신이 신앙적으로 가장 힘들어하던 시절을 떠올렸다고 한다. 그래서 선배에게 자신이 모퉁이돌교회에서 경험했던 것처럼 쉼을 통해 예배가 회복될 수 있다는 이야기를 조심스럽게 전했고,

그 마음으로 나에게까지 연결해 준 것이다.

이윤희 성도는 특수교육을 전공하는 학생으로, 누구보다 하나님을 사랑하며 열심히 신앙생활을 해 온 성도였다. 아침 8시에 교회에 가서 저녁 9시가 되어서야 모든 봉사를 마치고 집으로 돌아오는, 봉사하며 헌신하는 모습만 보면 참 귀한 청년이었다.

그러나 이야기를 들을수록 마음이 무거워졌다. 어느 순간부터 이윤희 성도의 예배는 기쁨이 아닌 의무가 되어 있었고, '내가 성도인가, 사역자인가?'라는 정체성의 혼란 속에 있었다는 것을 확인할 수 있었다. 거기에 더해 교회 안에서 보게 된 불공정한 모습들은 교회에 대한 회의감으로 이어졌고, 결국 교회를 떠난 상태에서 다른 교회를 고민하고 있었던 시점이었다.

상담을 마친 이윤희 성도는 바로 다음 주 모퉁이돌교회 예배에 참석했다. 이전 교회에서 많은 사역을 감당해 왔던 성도였기에, 교회에 오자마자 아이들을 향한 헌신된 모습이 자연스럽게 드러났다. 그러나 나는 이윤희 성도에게 분명히 조언했다.

"앞으로 1년 동안은 아무 사역도 하지 마세요!"

모든 봉사와 헌신에서 물러나 오직 예배에만 집중하도록 요청했다. 왜냐하면 그때의 이윤희 성도는 섬기는 사람이 되기보다, 먼저 예배자로 회복되어야 할 때임을 확신했기 때문이다. 이윤희 성도는 이런 나의 배려에 놀라면서 깊은 위로와 감사를 느꼈다고 고백했다. 그 시간 동안 이지영 성도는 멀리서 지켜보는 사람이 아니었다. 먼저 회복을 경험한 이지영 성도는 이윤희 성도 곁에서 예배의 기쁨과 기다림의 시간을 함께 나누며 동행했다. 자신이 받은 은혜를 말이 아니라 삶으로 전하며 회복의 길을 함께 걸어갔다. 그리고 정확히 1년이 지난 후, 이윤희 성도는 분명히 달라져 있었다. 예배가 회복된 것이다.

이윤희 성도와 봄 심방

"교회에 대한 만족도는 200%입니다"라고 이윤희 성도는 늘 웃으며 고백한다. 이 말은 단순한 표현이 아니라, 예배자로 회복된 한 청년의 진심 어린 간증이었다. 현재 이윤희 성도는 모퉁이돌교회에서 교회학교 교사로 7년째 함께 동역하고 있다. 이제 그의 사역은 지친 헌신이 아니라, 회복된 예배에서 흘러나오는 자발적인 섬김이 되었다.



청년들도 반드시 쉬어야 한다. 청년 한 사람 한 사람이 교회에서 귀하다. 하지만 청년들은 교사이기 전에 성도이며, 사역자이기 전에 예배자이다. 젊고 활력이 넘친다는 이유로 모든 일에 동원되다 보면, 가장 중요한 예배와 신앙이 무너질 수 있다. 교회는 함께 동역하는 공동체이지만, 그보다 더 중요한 것은 하나님을 온전히 예배하며 살아가는 삶의 공동체이다.

회복된 한 사람이 또 다른 한 사람을 살리고, 그렇게 함께 교회를 세워 가는 곳, 그것이 모퉁이돌교회가 지향하는 교회의 모습이다. 어느 한 사람의 과도한 헌신 위에 세워지는 교회가 아니라 모두가 예배자로 서서 함께 동역하는 교회, 모퉁이돌교회와 더 나아가 한국교회가 그러한 공동체가 되기를 소망한다.

### 보고 배우는 신앙

신앙은 가르쳐서 만들어지는 것이 아니라, 삶을 통해 전해진다. 나는 그 사실을 박서현 성도의 성장을 지켜보며 분명하게 확신하게 되었다. 박서현 성도는 전예지 집사님이 청소년 수련관에서 근무하던 시절 담당했던 중학생으로, 전예지 집사님을 통해 처음 모퉁이돌교회에 오게 되었다. 박서현 성도는 전예지 집사님을 선생님이라 부르며 잘 따르던 아이였고, 그 관계 안에서 교회 공동체 안으로 자연스럽게 들어오게 되었다.

박서현 성도의 신앙 성장 과정을 보면 모퉁이돌교회가 성장해 온 방향과 닮아 있다. 교회에 처음 나와 신앙생활을 하던 초기에는 '믿음이 있어서' 교회에 온 학생이 아니라, '사람이 좋아서' 교회에 남아 있던 학생이었다. 그러나 그 시간 속에서 언니와 오빠들의 신앙을 조용히 바라보며 따라가기 시작했다. 예배의 자리를 지키는 태도, 기도의 시간을 견디는 법, 헌금을 대하는 마음까지도 말로 배운 것이 아니라 곁에서 보며 배워 갔다. 신앙은 그렇게 설명으로 끝나는 것이 아니라는 것을 삶으로 보이고 증명해 가며 박서현 성도는 교회 안에서 자라 가고 있었다.

박서현 성도는 고등학교 졸업 후 대학에 진학하지 않고 1년간 직장 생활을 했다. 그 첫 월급을 받던 달, 박서현 성도는 월급 전액을 하나님께 드리기로 결단했다. 무려 200만 원에 이르는 금액이었다. 이는 누군가의 요구나 강요에 의한 결단이 아닌, 교회 안에서 먼저 신앙의 길을 걸어온 언니와 오빠들의 삶을 따라 걸어온 선택이었다. 그렇게 먼저 하나님을 믿은 믿음의 선배들의 길을 따라 걸어가다 보니, 스스로 인식하지 못한 채 조금씩 하나님을 믿는 믿음이 성장하고 있었다.

물론 흔들림의 시간도 있었다. 교회를 떠나도 이상하지 않을 순간들이 분명 존재했다. 그럼에도 박서현 성도가 모퉁이돌교회 공동체를 떠나지 않고 버틸 수 있었던 이유는 분명하다. 직접 '보고 배운 신앙'이 있었기 때문이다. 그것은 이론으로 정리된 신앙이 아니라 모퉁이돌교회 개척 멤버인 1세대 성도들이 삶으로 보여준 신앙이었다. 상황이 어려워도 예배의 자리를 놓지 않고, 삶이 무너질 듯해도 기도를 멈추지 않으며 교회를 사랑하는 어른들의 뒷모습이 서현이의 내면을 지탱해 주었다.

박서현 성도와 봄 심방

현재 박서현 성도는 YOUTH 교사로 섬기고 있다. 스스로는 늘 부족하다고 말하지만, 목회자의 시선에서 볼 때 분명히 성장하고 있다. 아이들을 대하는 태도, 예배를 대하는 자세, 공동체를 향한 책임감 속에서 그 성장은 조용하지만 분명하게 드러난다. 그리고 하나님을 믿는 성장 속도는 모퉁이돌교회의 개척 멤버인 운영위원회 성도들보다도 빠르다. 그래서 나는 박서현 성도를 위해 기도하며 응원한다. 앞으로도 하나님과 동행하며 걸어갈 그의 삶을 기대한다.

모퉁이돌교회에는 이처럼 관계로 시작해 삶으로 신앙을 배우고, 결국 다음세대를 섬기는 자리까지 이르는 신앙 1세대의 이야기들이 적지 않다. 박서현 성도는 약 6년 동안 교회 공동체 안에서 보고, 듣고, 따라가며 자라 왔다. 이 내용은 한 청년의 성장 기록인 동시에 모퉁이돌교회가 다음세대를 어떻게 세워왔는지에 대한 하나의 증언이다.

바라고 기도하기는, 박서현 성도가 앞으로도 모퉁이돌교회 안에서 좋은 본으로 남기를 소망한다. '다음세대가 희망'이라는 말이 말로만 끝나지 않고 현실이 되기 위해서는, 복음은 가르치는 것만으로 충분하지 않다는 사실을 그의 삶이 계속해서 증명해 주기를 바란다. 신앙은 그렇게 전수된다. 말보다 삶으로, 설명보다 관계로. 그리고 모퉁이돌교회는 지금도 그 길을 묵묵히 걸어가고 있다.

**중직을 세우다**

교회를 개척해서 이끌어가는 것보다 더 어려운 것이 있다면, 그것은 교회의 일꾼을 세우는 일일 것이다. 그렇다면 어떤 사람을 교회의 일꾼으로 세워야 할까? 교회의 일꾼을 세운다는 것은 역할을 맡길 사람을 찾는 일이 아니라, 시간을 들여 함께 사람을 만들어 가는 것이다. 급하게 세운 리더는 어려운 상황 속에서 쉽게 흔들릴 수 있지만, 함께 걸어온 시간 속에서 다듬어진 일꾼은 교회의 위기 앞에서도 자리를 지킨다. 모퉁이돌교회가 개척의 어려움 속에서도 사람을 서두르지 않고 기다려 온 이유도 여기에 있다. 왜냐하면 결국 교회는 담임목사 혼자서 이끌어 갈 수 없기 때문이다.

하나 된 마음, 삶으로 증명된 신앙, 그리고 교회 안팎에서 신뢰받는 삶은 어느 날 갑자기 만들어지지 않는다. 그것은 예배의 자리를 지키는 시간, 공동체의 필요 앞에서 물러서지 않는 태도, 그리고 보이지 않는 자리에서도 하나님을 의식하고 살아내는 삶 속에서 만들어진다. 나는 얼마나 오랫동안 공동체와 함께 걸어왔는가? 나는 교회의 리더와 하나 된 마음으로 섬기고 있는가? 그리고 나는 얼마나 예배를 사모하며 살아가는가? 그리고 마지막으로 가정에서 우리의 삶은 어떠한가? 이 질문 앞에 진지하게 서는 사람이 곧 하나님께서 세우시는 일꾼일 것이다.

모퉁이돌교회를 개척하고 2년쯤 지났을 때, 고등학교를 졸업하고 사회에 나가는 성도들이 생기면서 교회에도 조금씩 재정이 생기기 시작했다. 그전까지는 현실적으로 들어오는 헌금이 거의 없었고, 오히려 담임 전도사였던 나와 우리 가정의 재정이 교회를 위한 가장 큰 재정이었다.

하지만 성도들이 성장하며 십일조를 시작하고, 작은 교회임에도 불구하고 여러 곳에서 후원을 받게 되면서 교회의 재정을 혼자 관리하는 것은 옳지 않겠다는 생각이 들었다. 아직 믿음이 완전히 서지 않은 학생들이었지만, 목사로서 성도들을 신뢰하는 것은 매우 중요한 일이기에 교회를 공정하게 운영하고 함께 책임을 나누고 싶었다. 성도들을 신뢰할 때 그들은 책임감과 주인의식을 가지고 성장하며, 스스로 교회를 위해 헌신할 수 있기 때문이다.

그렇게 나는 함께 교회를 지켜 나가기 위해, 가장 믿음이 가는 성도들을 운영위원으로 세우기 시작했다. 가장 먼저 운영위원회로 세워진 성도는 장은서 성도와 최민석 성도였다. 특별한 기준이나 복잡한 이유가 있었던 것은 아니었다. 다섯 평에서 첫 예배를 시작할 때부터 담임목사인 내가 판단했을 때 가장 믿음직스럽고 신뢰할 수 있는 성도들이었기 때문이다. 장은서 성도는 사회생활과 교회 생활,

헌금 생활까지 성실히 감당하고 있었기에 운영위원으로 세우기에
충분했다. 당시 남자 청년 한 명을 더해 첫 운영위원회는 총 3명으로
출발했다.

작은 교회였기에 운영위원이 마땅히 해야 할 일은 많지 않았지만,
성도들이 맡긴 적은 금액이라도 주님의 청지기로서 관리하는 것은
중요했다. 그리고 성도들에게 신뢰를 주었기에 그들은 책임감 있는
모습으로 자신들의 역할을 온전히 감당할 수 있었다. 그렇게 세워진
운영위원들은 누구보다 교회를 사랑하고 아끼기 시작했다. 신부동
다섯 평 시절 마지막으로 세워진 운영위원은 조민식 성도였다. 당시
남자 운영위원 3명, 여자 운영위원 2명으로 구성된 운영위원회가 그
렇게 시작되었다.

교회는 어느새 아이들로 가득 찼고 재정이 생겼으며, 우리에게 맡
겨진 작은 재정일지라도 주님의 것이기에 주님의 청지기로서 책임
있게 관리해야 한다는 마음을 늘 새기게 되었다. 성도들을 신뢰할
때 그들은 스스로 교회의 주인으로 성장하고 교회를 세우는 사역에
온전히 헌신할 수 있다. 모퉁이돌교회가 10년 동안 걸어오면서 운영
위원은 두 차례 바뀌었고, 현재는 5명의 운영위원이 섬기고 있다. 마
지막으로 합류한 운영위원은 김광길 성도이다.

운영위원들은 다섯 평 작은 공간, 아무것도 갖추어지지 않은 교회
시절부터 함께해 온 귀한 동역자들이며, 10대 때부터 20대까지 교회와

하나님 나라를 위해 온전히 헌신한 성도들이다. 모퉁이돌교회의 역사와 자랑은 바로 이 운영위원 성도들과 함께한 여정에서 시작되었다.

## 동장이 세워짐

운영위원들이 잘 자라고 교회가 숫자상으로 부흥하기 시작하면서, 2017년 모퉁이돌교회는 신앙 1세대들이 많아 아직 영적으로 성숙하지는 못했지만, 청년 성도들과 어린 성도들이 급격히 늘어나며 새로운 과제가 생겼다. 사역자를 뽑아야 했고, 무엇보다 성도들을 대표하고 돌보는 동장을 세워야 할 때가 왔다는 것을 느꼈다.

동장은 운영위원과는 다른 사역의 영역을 맡는다. 운영위원이 교회의 전반적인 행정과 재정을 책임진다면, 동장은 성도들의 신앙 상태와 삶의 상황을 파악하고, 담임목사와 함께 그들을 돌보는 일을 한다. 모퉁이돌교회는 교회를 다섯 개의 동으로 나누는데, 남자와 여자, 청년과 장년, 어린이와 청소년으로 구분한다.

아름답네 : 장년 성도들이 모인 동
꽃밭네 : 여자 청년들이 모인 동
힘좀쓰네 : 남자 청년들이 모인 동
자라나네 : 청소년 YOUTH 그룹
태어났네 : 초등학생과 미취학 아동 KIDS 그룹

동장은 각 동 성도들의 신앙과 삶을 세심하게 살피고, 담임목사의 말씀과 교회 소식을 전달하며 동시에 성도들이 교회 공동체 안에서 온전히 성장할 수 있도록 돕는다. 현재 남자 동장은 김효석 성도, 여자 동장은 전예지 집사가 맡고 있다. 동장 체제는 2017년 청년 성도들이 폭발적으로 증가하면서 시작되었고, 몇 차례의 조정과 교체를 거쳐 현재 자리를 굳혔다.

운영위원과 마찬가지로, 동장을 세우는 데 있어 가장 중요한 기준은 신뢰다. 모퉁이돌교회는 사람을 세우는 일에 엄격하며, 동장을 세우기 위해서는 최소 3년 이상 예배와 교제 그리고 헌금 생활을 통해서 신뢰를 쌓아야 한다. 동장은 단순한 직책이 아니라 교회의 영적 건강과 부흥을 좌우하는 핵심 자리다. 동장이 성도들을 어떻게 이끌고 돌보느냐에 따라 교회는 성장할 수도, 위기를 맞을 수도 있다.

운영위원과 동장 체제가 함께 자리를 잡으면서 모퉁이돌교회는 신뢰로 쌓인 관계 위에 부흥할 수 있는 기반을 갖추게 되었다. 이들은 단순한 역할 수행자가 아니라 교회의 미래를 책임지는 영적 리더이자 공동체의 신앙과 성장의 척도가 되는 중요한 역할을 한다.

### 교사가 세워짐

모퉁이돌교회에는 많은 청년 성도가 있으며, 대부분 교회학교 교사로 헌신하고 있다. 초등학생들을 대상으로 하는 모퉁이돌 KIDS에는 6명의 교사가 헌신하고 있으며, 중고등학생을 대상으로 하는 모퉁이돌 YOUTH에는 4명의 교사가 사역하고 있다. 교사를 세우는 기준은 교회학교나 다른 직분이나 마찬가지로 신뢰를 가장 우선으로 삼는다. 믿음은 외부에서 판단할 수 없기에 교사로 세우기 전, 성도로서의 삶과 교회 생활 속에서의 신뢰가 검증되어야 한다. 이에 따라 모퉁이돌교회에서는 성도 된 날로부터 1년 이상 교회 생활을 통해 신뢰가 쌓인 후에만 교사로 세워진다.

현재 한국교회는 청년 성도가 부족하고 교사로 헌신할 청년 성도도 부족한 현실이다. 그래서 일부 교회에서는 새로 등록한 청년이 조금만 열심히 활동해도 곧바로 교사로 세워 헌신을 요구하기도 한다. 그러나 리더십과 신뢰가 충분히 쌓이지 않은 상태에서 교사를

모퉁이돌 교회학교 선생님들

세운다면, 단순히 교회학교뿐 아니라 교회 전체에 위기가 찾아올 수 있다. 모퉁이돌교회 또한 과거 몇 차례 이러한 실수로 교회학교가 위기를 겪은 경험이 있으며, 이를 교훈 삼아 지금은 반드시 충분한 시간과 검증을 거친 후 교사를 세운다.

현재 유초등부와 중고등부에는 교회에 1년 이상 출석하며 교회 생활과 삶 속에서 최선을 다해 살아가는 성도들이 교사로 섬기고 있다. 중고등부는 전예지 집사를 중심으로, 유초등부는 유혜미 사모를 중심으로 운영되고 있으며, 교사들은 예배를 위해 미리 모여 기도로 준비하고 아이들의 성경 교육을 위해 함께 학습하며 수업을 준비한다. YOUTH 그룹은 오전 10시 30분에 본당에서 청장년과 함께 예배드리고, 점심 후 3시부터 성경 공부와 프로그램 활동을 진행한다. KIDS는 오후 2시에 예배를 드리고, 3시부터 성경 공부가 진행된다. 전체적인 교육과 교사 지도는 교육부장 유혜미 사모가 진행하며, 교사들과 함께 학년별 수준에 맞춘 교재를 선정하고 수업을 준비한다.

교사는 교회학교의 핵심적인 축이다. 교사의 헌신과 역량에 따라 교회학교가 부흥할 수도 있고, 갈등이나 불협화음으로 위기를 겪을 수도 있다. 그렇기에 교사를 세울 때는 가장 신중해야 하며, 오랜 시간 관찰하고 함께 생활하며 신뢰를 검증해야 한다. 또한 교사 선발과 직분 결정은 담임목사 혼자의 판단이 아니라 운영위원회, 중직, 기존 교사들의 의견도 반드시 반영해야 한다. 교사의 올바른 세움과 헌신이야말로 건강한 교회학교와 교회 전체의 신앙 성장을 가능하게 하는 원동력이다.

## | "김치찌개"로 자라는 아이들 |

### 장모님의 헌신

모퉁이돌교회가 신부동 다섯 평에서 시작할 때, 학생 성도들에게 매주 점심을 제공하는 일은 큰 고민거리였다. 교회가 수익을 내는 곳은 아니지만, 교회를 유지하고 학생들이 배부르게 먹도록 하기 위해서는 재정이 필요했다. 그러나 당시 우리 교회는 학생 성도들이 전부였기에 나가는 지출에 비해 재정은 항상 부족했다. 그래서 어쩔 수 없이 우리 가정의 재정을 쓸 수밖에 없었고, 아이들과 교회를 개척하고 6개월이 지났을 때는 많은 카드 빚으로 인해 가계가 힘들 수밖에 없었다. 그래서 우리는 결단해야 했다. 이제는 주일예배 후에 외부로 나가 점심을 해결할 수는 없었다.

하지만 문제는 공간이었다. 신부동 다섯 평 안에는 음식을 준비할 시설이 전혀 없었다. 그때 장모님이신 이숙자 권사님께서 "집에서 김치찌개를 끓여서 주일 아침에 가져와 아이들에게 먹이자"라고 제안해 주셨다. 당시 30명 정도의 학생들이 모였는데, 장모님은 그때부터 교회가 문화동으로 이전하기 전까지, 무려 8년 동안 매주 토요일 저녁마다 학생들을 위해 김치찌개를 준비해 주셨다.

30인분의 김치찌개를 준비하는 것은 간단한 일이 아니었다. 장모님께서 찌개를 끓여주실 때 장인어른은 김치와 양념, 고기 등 재료를 준비하시며 헌신해 주셨다. 두 분의 헌신으로 식사가 해결되었지만, 문제는 30인분이 넘는 김치찌개를 교회까지 옮기는 일이었다. 그때 함께 해 준 성도가 바로 담임목사의 집 옆 동에 살았던 최민석 집사였다. 최민석 집사는 결혼하여 가정을 꾸려 다른 동네로 이사 가기 전까지 무려 8년 동안 꾸준히 도와주었다. 장모님의 김치찌개는 맛이 좋을뿐만 아니라 사랑과 정성이 담겨 있어 대학생 성도들도 매우 좋아했고, 모퉁이돌교회 김치찌개 맛에 빠진 성도들은 다시는 식당에서 김치찌개를 돈 내고 사 먹지 않게 되었다.

개척 후 10년이 지났지만 모퉁이돌교회는 아직도 매주 김치찌개로 점심을 함께 나눈다. 문화동으로 이전하면서 교회 안에 요리 공간이 마련되자, 이제는 아내가 그 방법을 이어받아 김치찌개를 끓인다. 이 모든 과정은 단순한 음식 제공을 넘어 성도들에게 믿음과 헌신의 본보기가 되었다. 장모님과 장인어른의 꾸준한 헌신과 사랑을 보며 학생 성도들은 혼자가 아닌, 함께하는 공동체 안에서 성장할 수 있었다. 그리고 성도들은 자연스럽게 "나도 언젠가는 두 분의 마음과 같이 누군가를 섬겨야겠다"는 다짐을 품게 되었다. 어른이 없는 작은 교회에서, 좋은 장년은 스스로 만들어 가는 존재라는 사실을 보여 주신 장모님과 장인어른에게 모퉁이돌교회는 감사하는 마음을 담아 10주년 감사예배 때 감사패를 전달했다.

10주년을 맞아 모퉁이돌 시상식 때 장인어른과 장모님께 감사패 전달

모퉁이돌교회는 결코 목사 혼자 이끌어 가는 교회가 아니었다. 옆에서 함께 걸어 주는 동역자와 헌신의 손길이 있었기에 지금의 교회가 존재할 수 있었고, 학생 성도들이 성장하며 성숙한 장년으로 나아갈 수 있는 밑거름이 될 수 있었다. 모퉁이돌교회는 그렇게 함께 걸어가는 교회, 함께 성장하는 공동체임을 오늘도 증명하고 있다.

### 김장의 시작

김치찌개가 사실상 '주식'이나 다름없는 모퉁이돌교회에 김장은 선택이 아니라 자연스러운 순서였다. 개척 초기에는 장모님 댁에서 가져온 김치로 1년 남짓을 버틸 수 있었지만, 시간이 지나면서 김장 없이는 김치찌개를 끓이기조차 어려운 형편이 되었다. 돼지고기는 필요한 때마다 정육점에서 구할 수 있었으나, 김치를 매번 구매해 사용하기에는 재정적 부담이 컸다. 그래서 모퉁이돌교회는 스스로 김장을 담그기로 마음을 모으게 되었다.

개척 2년 차부터 교회는 20살 이상의 청년들이 중심이 되어 본격적으로 김장을 시작했고, 첫해에는 150포기의 김장을 했다. 조금이라도 재정을 아끼기 위해 직접 배추밭에서 배추를 뽑고 소금물에 절인 후 김장을 했다. 그러나 이러한 과정은 생각보다 많은 시간과 수고가 필요했기에 그다음 해부터는 절임 배추를 구매해 김장을 담그게 되었다. 이후로도 매년 150포기의 김치를 담가 왔다.

김장이 익숙하지 않았던 시절에도 많은 학생 성도가 기꺼이 참여해 주었다. 여자 성도들은 배추에 양념을 바르며 손을 보탰고, 남자 성도들은 무거운 배추와 양념을 나르며 힘을 보탰다. 처음에는 손발이 맞지 않아 어색하기도 했지만, 함께 웃고 부대끼며 김장하면서 공동체는 조금씩 하나가 되어 갔다.

이제는 매년 김장하기 시작한 지 10년이 되었다. 해를 거듭할수록 모퉁이돌교회의 김장 실력은 눈에 띄게 늘었고, 이제는 누가 말하지 않아도 각자의 자리에서 해야 할 일을 정확히 알고 움직인다. 담임목사의 눈으로 보기에도 여느 교회의 집사님들 못지않게 능숙하게 김치를 담글 수 있는 공동체가 되었다고 느껴진다. 김장을 마친 후 장모님의 사랑이 가득 담긴 보쌈으로 함께 식사하는 시간은 김장하며 쌓인 피로를 잊게 하는 또 다른 은혜이다. 재정을 아끼기 위해 시작했던 김장과 김치찌개는 이제 모퉁이돌교회의 중요한 전통이 되었다.

김장을 담그는 모퉁이돌교회 청년들

이제 모퉁이돌교회는 한 해에 150포기의 김장을 준비할 수 있는 교회로 성장했고, 김장을 어떻게 하는지 몰랐던 학생 성도들은 10년이 지나자 누구보다 능숙하게 김장하는 일꾼이 되었다. 매년 모퉁이돌교회의 김장을 도와주시고 후원해 주시는 장모님과 장인어른의 헌신을 보며 장년 성도가 많지 않은 모퉁이돌교회 성도들은 장년의 올바른 신앙을 배우는 기회가 되기도 한다.

이처럼 김장하는 시간은 다음세대만으로도 교회가 충분히 성장할 수 있음을 보여주는 살아있는 증거이자, 함께 땀 흘리며 만들어온 모퉁이돌교회의 역사이다. 오늘의 수고와 헌신을 기억하며 하나님께서 모퉁이돌 공동체를 세워 오신 은혜에 감사함으로 계속 걸어가기를 소망한다.

# 개척까지의
# 여정

결국 교회의 건강함은 얼마나 많은 사람이 모였는가가 아니라, 얼마나 깊이 서로를 알고 함께 걸어가고 있는가에 달려 있다. 하나님을 아는 지식은 공동체 안에서 삶으로 검증되고, 비전은 함께 시간을 보내며 나눌 때 비로소 하나가 된다. 서로를 알지 못한 채 같은 방향만 말하는 공동체는 쉽게 흩어지지만, 이해와 신뢰 위에 세워진 공동체는 어떤 상황 속에서도 함께 전진할 수 있다.

그러므로 멤버십은 단순한 등록 절차가 아니라, 공동체의 부르심에 응답하는 영적 결단이다. 교회에 다니는 신앙을 넘어, 교회를 함께 이루는 신앙으로 나아갈 때 하나님께서는 그 공동체를 통해 자기 뜻을 이루신다. 사귐을 미루지 않고 이해하기를 포기하지 않으며, 끝까지 함께하기로 선택하는 이들이 교회를 세워 나간다. 하나님께서 부르신 이 공동체 안에서 각자가 자신의 자리에서 책임 있게 참여할 때, 하나님께서는 우리를 통해 세워진 교회를 사용하셔서 세상 가운데 하나님의 나라를 세워 가실 것이다.

# 1. 수련회로 성숙해가는 아이들

　수련회는 교회의 매우 중요한 행사이다. 왜냐하면 수련회는 단순한 연례행사가 아니라 교회의 방향을 다시 하나님께로 돌리는 영적 전환점이기 때문이다. 모퉁이돌교회의 수련회는 늘 넉넉한 조건 속에서 진행되지는 않았지만, 하나님을 알고자 하는 갈망과 교회를 사랑하는 마음만큼은 한 번도 부족한 적이 없었다. 그리고 하나님께서는 늘 수련회마다 한 사람의 인생을 만지시고, 모퉁이돌교회 공동체를 한 단계씩 성장하게 하셨다.

　수련회를 통한 예배와 말씀, 기도와 교제를 통해 개인의 신앙은 깊어지고 서로의 사랑을 나누는 과정을 통해 공동체의 멤버십은 단단해진다. 그렇게 형성된 관계와 비전은 수련회가 끝난 후의 사역과 일상에서 교회를 지탱하는 힘이 된다. 그러므로 수련회를 준비하고 참여하는 일은 선택사항이 아니라 교회를 세우는 책임이다. 수련회를 통해서 공동체는 반드시 변화된다. 하나님은 오늘도 수련회의 자리에서 예수님을 깊이 알게 하시고, 교회를 새롭게 더 견고히 세워 가시는 일을, 우리를 통해서 하실 것이다.



| 2015년, 첫 번째 수련회 |

개척 10년 동안 가장 기억에 남는 수련회가 무엇이냐고 묻는다면, 주저 없이 첫 번째 수련회를 떠올리게 된다. 모퉁이돌교회는 개척한 지 약 두 달 남짓 되었을 무렵 첫 수련회를 계획했다. 연합 수련회라는 좋은 선택지도 있었지만, 당시 교회는 신앙 1세대 성도들이 대부분이었고, 이제 막 신앙의 기초를 세워가던 시기였기에 여러 교회와 아이들이 모여 함께하는 연합 수련회에 참가하기는 아직 이르다고 판단했다. 그래서 교회 자체적으로 수련회를 준비하게 되었다.

비록 성도 수는 많지 않았고 대부분이 학생이었지만, 이들이 잘 자란다면 교회는 반드시 성장할 것이라는 확신이 있었다. 교회를 사랑하는 마음과 서로 간의 멤버십을 세우는 것에 집중하여 준비했다. 수련회를 하자고 하니 총 10명의 성도가 모였다. 회비는 1인당 3만 원이었는데, 학생들에게는 부담으로 느껴질 수 있는 금액이어서 격정이 앞섰다. 하지만 염려와 달리 모두 기꺼이 회비를 냈고, 그렇게 모퉁이돌교회 첫 수련회가 시작되었다.

개척 초기 모퉁이돌교회에는 승합차가 없었기에 같은 지역에 계신 선배 목사님의 교회에서 승합차를 빌려 수련회를 진행하였다. 첫 번째 수련회의 목적지는 롯데월드였다. 어디로 가는지도 모른 채 따라나선 아이들은 첫 목적지가 당연히 다른 지역의 교회일 것으로 생각했을텐데 '롯데월드'라는 말을 듣는 순간, 아이들의 얼굴에는 놀라움과 기쁨이 동시에 번졌다.

무사히 도착해 즐겁게 시간을 보냈지만, 그 모든 일정 뒤에는 나만의 분명한 의도가 숨겨져 있었다. 마음껏 즐겼으니 이제는 함께 예배하고 기도하자는 계획이었다. 담임목회를 하기 전 부교역자로 사역하며 깨달은 사실이 있다면, 아직 예수님을 잘 알지 못하는 아이들에게 성경과 복음을 일방적으로 전하는 것으로는 아무런 열매도 맺기 어렵다는 점이었다. 물론 성경을 배우고 예배드리는 일의 중요성을 가볍게 여긴 것은 아니었다.

다만 교회는 먼저 즐겁고 편한 공간이어야 한다고 생각했다. 그러한 분위기는 교회가 낯선 방문자들의 마음을 여는 데 결정적인 역할을 하고, 그 만남이 반복될수록 예배를 드리는 빈도 또한 자연스럽게 높아진다. 그렇게 이어진 발걸음 속에서 성도들은 결국 예수님을 인격적으로 만나게 된다고 확신했다.

하루를 신나게 보낸 뒤, 수련회 장소인 교회에 도착해 삼겹살을 구워 먹었다. 분위기는 더할 나위 없이 좋았다. 이제 즐겁게 놀고 맛있게 먹었으니 은혜롭게 말씀을 들을 차례라고 생각했다. 그러나 첫 수련회의 저녁 집회는 나의 기대와는 전혀 달랐다. 수련회 집회라는 것 자체가 처음이었고 한 시간 이상 말씀을 들어본 경험이 없는 아이들은 좀처럼 집중하지 못한 채 쉽게 지쳐 갔다. 현재 집사로 섬기고 있는 최민석 집사와, 누구보다 헌신적으로 교회를 섬기고 있는 조민식 성도 역시 다른 아이들과 다르지 않게 졸음을 이기지 못했고, 말씀에 대한 반응은 거의 없었다.

시간이 흐른 뒤, 최민석 집사를 통해 당시 아이들의 마음을 들을 수 있었다. 그들은 말씀의 내용보다도 목사의 진심과 교회의 사랑을 느끼고 있었다는 것이다. 그 이야기를 들으니 비록 눈에 보이는 열매는 없었을지라도 그 수련회가 결코 헛된 시간은 아니었음을 확인할 수 있었다.

"교회에 나온 지 얼마 되지 않아 모든 경험이 처음이었지만, 목사님이 우리를 얼마나 사랑하는지 알 수 있었어요!"라는 이 고백은 또 한 번 나를 위로했다. 수련회를 통해 하나님을 인격적으로 만났다고 말할 수 있는 성도는 없었지만, 그들은 교회가 무엇인지에 대해서는 분명히 알게 되었다. 관계적으로도 서로 깊게 가까워지며 친밀한 관계가 형성되었다. 그렇게 관계가 만들어지자, 아이들 안에 아직 분명한 믿음과 신앙의 체계는 세워지지 않았을지라도, 누구보다 교회를 사랑하고 목회자와의 관계를 소중히 여기게 되었다.

비록 그 10명 가운데 6명이 교회를 떠나 이제는 함께하지 않지만, 분명한 사실이 하나 있다. 그것은 우리가 왜 교회인지 알고 자라난 성도들 가운데 일부는 교회를 사랑하는 예수님의 제자로 성장했다는 점이다. 어느 교회든지 나이를 막론하고 교회를 떠나는 것을 완전히 막을 수는 없다. 그럼에도 성도들이 교회에 머무는 동안만큼은 그들에게 최선을 다해 섬겨야 한다고 나는 생각한다. 성도들은 언젠가 다시 돌아올 수 있기 때문이다. 설령 그렇지 않다고 하더라도 교회는 언제나 성도에게 최선을 다해야 한다. 그들이 예수님을 알고 그분의 사랑을 경험하도록 돕는 것이 교회의 본분이기 때문이다.

이러한 마음으로 시작된 모퉁이돌교회의 첫 번째 수련회는 2박 3일의 여정을 마치고 끝났다. 그리고 그 이후 10년 동안 우리는 수련회를 통해 수많은 관계와 멤버십을 만들어갔고, 하나님을 인격적으로 만나는 경험도 생겨났다.

## | 개척 후 10년, 2024년 여름 수련회 |

개척 후 어느덧 10년이 흘렀다. 그 시간만큼 성도들의 신앙도 눈에 띄게 성장해 있었다. 첫 번째 수련회가 멤버십 형성을 목표로 롯데월드에서 단순히 함께 놀고 먹으며 진행되었다면, 9년 뒤 2024년 여름수련회는 시작부터 전혀 다른 모습이었다. 수련회를 기획하는 출발점부터가 달랐고, 성도들의 마음가짐 또한 달랐다. 무엇보다, 자라나고 있는 중고등학생들의 신앙은 10년 전 개척 초기 멤버들의 신앙보다 훨씬 단단하고 믿음직스러웠다.

학생들과 함께 개척한 모퉁이돌교회는 10년이라는 시간을 지나면서 그 학생들이 이제 청년으로 성장했다. 교회가 부흥하려 할 때마다 목회자의 부족함과 연약함으로 인해 더 나아가지 못하는 것은 아닐까 하는 자책이 마음을 짓눌렀다. 몰려오는 청년들을 신앙적으로 충분히 양육하지 못해 많은 이들이 정착하지 못하고 떠나간 일이 마치 교회와 목회자의 책임인 것처럼 느껴지기도 했다.

그래서 개척 10주년을 맞이하는 2024년 여름수련회에서 우리는 마음을 모아 이 한계를 넘어보고자 수련회의 주제를 "한계를 돌파하라"로 정했다. 첫 수련회에서 롯데월드로 향하던 발걸음은 개척 10년 차 수련회에서는 교회를 건강하게 성장시킨 다섯 교회로 향했다. 모퉁이돌교회가 걸어온 10년을 돌아보며, 우리가 아직 알지 못하는 앞으로의 10년을 나아갈 때 같은 실수를 반복하지 않기 위해, 우리보다 먼저 걸어가 성장한 교회들의 담임목사님들을 만나 이야기를 듣고 교회를 탐방하기로 했다.

청장년들과 중고등부 아이들이 함께 조를 이루어 서울, 오산, 대전, 청주 등 다섯 지역의 다섯 교회를 선정하고 '정탐꾼'의 마음으로 교회 탐방을 떠났다. 우리가 가 보지 않은 앞으로의 10년의 길을 먼저 돌파해 걸어가신 목사님들에게 성도들이 직접 듣고 배워야 할 것이 분명히 있을 것이라 기대했다. 사역의 현장에서 겪은 현실적인 이야기들, 교회가 성장해 온 과정, 그리고 피할 수 없었던 갈등과 그 것을 어떻게 풀어왔는지에 대한 이야기까지 모두가 우리에게는 귀 한 배움의 내용이었기 때문이다.

성도들은 꼭 들어야 할 몇 가지 공식 질문과 개인적 궁금증을 가 지고 다섯 교회로 향했다. 그곳에서 우리가 지금까지 경험하지 못했 던 교회들의 20년의 이야기를 들을 수 있었다. 교회로 돌아온 후에 는 함께 모여 모퉁이돌교회의 새로운 비전을 품으며 각 조가 다녀온 교회의 사례를 발표하는 시간을 가졌다. 무엇을 보고 느꼈는지를 나 누는 그 시간은 모두에게 깊은 울림을 주었다. 이후 우리는 모퉁이 돌교회가 향해야 할 목적을 함께 품고 뜨겁게 기도했다.



지난 10년이 쉼 없이 달려온 시간이었다면, 이제부터의 시간은 배 우며 걸어가야 할 시간이다. 교회를 찾아왔던 장년들이 오래 머물지 못했던 아픔과 수많은 위기를 지나오면서 우리는 교회를 세운다는 일이 결코 우리의 경험만으로 유지될 수 없음을 깨닫게 되었다. 분명 성장해 왔지만, 아직 완성에 이르지 않았고 여전히 배워야 할 것이 많 다는 자각은 모퉁이돌교회가 다음 단계로 올라가도록 이끌었다.

이러한 깨달음 속에서 시작된 교회 탐방은 단순한 견학이 아니라 공동체가 스스로 낮추고 배우겠다는 결단이었다. 이미 앞서 걸어간 교회들의 발자취 속에서 우리는 정답을 찾기보다 질문을 통해 교회를 배우고 신앙을 다시 점검했으며, 모퉁이돌교회가 지금 어디에 서 있는지를 점검하는 시간을 가졌다. 30명의 청년들은 다섯 개 조로 나뉘어 이른 아침부터 발걸음을 옮겼다. 서울, 대전, 오산, 청주까지 네 개 지역의 다섯 교회를 방문하여, 우리보다 먼저 개척의 길을 걸어간 담임목사님들의 이야기에 귀를 기울였다. 우리는 한계를 돌파하고 싶었고, 그래서 듣고, 배우는 일에 최선을 다했다.

교회 탐방으로 방문한 상록수교회 박보규 목사님과 모퉁이돌 성도들

이번에 방문한 다섯 교회는 담임목사인 내가 직접 선정했다. 모퉁이돌교회는 침례교회이지만 더 넓은 교회를 보여주고 싶었던 나의

선택은 교단에 국한되지 않았다. 서울의 나눔교회와 세상의빛교회, 대전에 위치한 하늘꿈교회, 오산의 하늘땅교회, 그리고 청주의 상록수교회까지 초교파적으로 교회를 선정했다. 이는 우리와 같은 개척의 길을, 또는 어려움의 길을 걸어온 공동체들의 이야기 속에서 더 넓은 시야로 교회를 배우고자 하는 나의 의도였다.

하나님께서는 언제나 겸손히 배우는 교회를 통해 새로운 길을 여신다. 모퉁이돌교회는 지난 10년 동안 쉼 없이 달려왔지만, 여전히 배울 것이 남아 있음을 고백한다. 그래서 우리는 다시 출발선에 섰다. 그리고 이 길 위에서 하나님께서 이루실 새로운 역사를 기대하며 오늘도 기도한다.

## | 탐방을 마치며 |

2024년 여름 수련회는 "어떻게 하면 모퉁이돌교회의 한계를 돌파할 수 있을까?"라는 질문에서 출발하였다. 아직 우리 가운데 누구도 가보지 못한 10년 후의 모습을 기대하며, 모퉁이돌교회보다 최소 10년에서 최대 20년 먼저 그 길을 걸어온 다섯 교회를 탐방하였다. 이미 앞서 걸어온 교회들의 이야기를 직접 찾아가 보고 듣는 것만으로도, 탐방에 참여한 성도들은 지난 10년 동안 개척의 길을 걸어온 모퉁이돌교회를 더욱 깊이 사랑하게 되었고, 함께 탐방한 조원들 역시 하나로 더욱 굳게 연합하는 시간을 가질 수 있었다고 고백하였다.

무엇보다 지난 10년 동안 함께하신 하나님의 인도하심을 되새기며, 앞으로의 10년도 또한 변함없이 인도하실 것이라는 믿음을 굳건히 하는 시간이 되었다. 물론 모퉁이돌교회가 앞으로 어떤 길을 걷게될지는 아무도 알 수 없다. 그러나 지금까지 그래왔던 것처럼 초심을 지키며 한 걸음씩 순종하며 나간다면, 주님께서 지난 10년보다 더욱 크고 아름다운 일들을 우리를 통해 이루실 것이라는 기대를 품게 되었다. 이에 성도들은 교만하지 않고, 우리가 잘해서 여기까지 왔다고 생각하지 않으며, 모든 것이 전적으로 하나님의 은혜였음을 고백하는 겸손한 공동체로 계속 걸어가기를 한마음으로 소망하였다.

탐방 기간 먼 길을 오가며 함께 나눈 시간은 서로를 더욱 깊이 이해하고 하나 되게 하는 귀한 시간이 되었다. 같은 목적을 품고 같은 길을 걸어가는 모퉁이돌교회의 성도들을 진심으로 축복한다.

# 2. 선교로 세워지는 아이들

"오직 성령이 너희에게 임하시면 너희가 권능을 받고 예루살렘과 온 유대와 사마리아와 땅끝까지 이르러 내 증인이 되리라."(행 1:8)

예수 그리스도께서는 당시의 제자들만이 아니라 모든 그리스도인에게 땅끝까지 이르러 주님의 증인이 되어 제자로 삼으라는 명령을 주셨다. 그러므로 우리는 교회의 사역을 교회라는 공간 안에만 제한하지 않고 우리가 가는 모든 곳이 교회가 되게 해야 할 사명을 지니고 있다. 선교는 이러한 사명을 구체적으로 실천하는 중요한 교회 사역이며, 선교를 통해 교회는 동일한 목적을 품고 함께 나아가는 공동체로 더욱 단단히 세워진다. 나아가 선교는 교회 멤버십을 강화하고, 성도들이 한 방향을 바라보며 동역하게 하는 데 핵심적인 역할을 한다.

신앙의 1세대가 대부분인 모퉁이돌교회가 대한민국을 넘어 하나님께서 지시하신 땅 캄보디아로 선교하러 가기 위하여 한 달 한 달

용돈을 모으고 기도로 준비하며 선교를 계획한다는 것은 참으로 놀라운 일이다. 이 장에서는 선교를 통해 세워져 가는 신앙 1세대들의 이야기와 그 여정 속에서 역사하시는 하나님의 놀라운 계획을 함께 나누고자 한다.

## | 단기 선교자의 자격 |

많은 사람이 함께 선교에 참여할 수 있다면 좋겠지만, 모퉁이돌교회는 선교하고 싶다는 마음만으로 누구나 참여할 수 있도록 문을 열어 두지는 않았다. 모퉁이돌교회가 선교의 문턱을 높게 설정한 이유는 사람을 선별하거나 배제하기 위함이 아니라 선교의 무게를 가볍게 여기지 않기 위함이다. 선교는 경험을 쌓기 위한 하나의 프로그램이 아니라 삶으로 복음을 증언하는 거룩한 사명이기 때문이다. 그러므로 선교지로 떠나는 발걸음보다 먼저, 교회 안에서의 삶이 충분히 증명되어야 한다.

선교 참여에 나이 제한이 있는 것은 아니지만, 교회 공동체 안에서 드러나는 예배에 대한 태도, 공동체를 대하는 마음가짐, 그리고 맡겨진 자리에서 책임을 다하는 삶이 확인된 이들이 함께할 수 있다. 준비되지 않은 열심은 선교지에서도 그대로 드러나 오히려 복음을 가리는 결과를 낳을 수 있기에, 모퉁이돌교회는 선교를 희망한다는 이유만으로 누구나 동행하는 방식을 선택하지 않기로 했다.

초등학생의 경우 반드시 부모가 동행해야 하는 원칙이 있으며, 중고등학생의 경우에는 부모의 명확한 동의를 전제로 선교 참여가 가능하도록 기준을 세웠다. 모퉁이돌교회에서 진행하는 선교가 언젠가 가고 싶다는 막연한 소망에 머무르지 않고, 지금부터 준비하겠다는 구체적인 결단으로 이어지기를 바란다. 이를 위해 선교를 준비하는 성도들이 반드시 갖추어야 할 세 가지를 설명하고자 한다.

### 예배 생활

선교는 선택이 아니라 결단이다. 그러므로 선교의 출발은 비행기 표가 아니라 예배의 자리이다. 주일의 예배를 소홀히 여기는 신앙은 선교지에서도 결코 온전할 수 없다. 하나님 앞에 드려지는 예배 없이 세상으로 나아가는 선교는 헌신처럼 보일 수는 있으나 그 중심을 잃기 쉽다.

그렇기에 모퉁이돌교회는 선교의 첫 기준을 언제나 예배에 두고 있다. 예배에 성실히 참여한다는 것은 단순히 자리를 지킨다는 의미가 아니다. 그것은 하나님을 삶의 주인으로 인정하며 자신의 시간과 우선순위를 하나님께 드리는 결단이다. 매주 드려지는 예배 앞에서 충성된 성도만이, 낯선 땅과 불편한 환경 속에서도 흔들리지 않는 선교의 삶을 감당할 수 있다.

이 기준은 누군가를 제한하기 위한 조건이 아니라, 선교의 본질을 지키기 위한 울타리이다. 선교는 열심의 문제가 아니라 방향의 문제이며, 그 방향은 언제나 하나님을 향한 예배에서 시작된다. 모퉁이돌교회의 선교는 오늘도 예배의 자리에서 준비되고 있다. 주일을 지키는 작은 순종 위에 하나님께서는 세상을 향한 큰 사명을 맡기신다. 선교를 꿈꾸는 자라면, 먼저 예배 앞에 서서 온전히 예배해야 할 것이다.

### 헌금 생활

"한 사람이 두 주인을 섬기지 못할 것이니 혹 이를 미워하고 저를 사랑하거나 혹 이를 중히 여기고 저를 경히 여김이라 너희가 하나님과 재물을 겸하여 섬기지 못하느니라."(마 6:24).

결국 헌금 생활은 단순한 재정의 문제가 아니라 누구를 삶의 주인으로 섬기고 있는가에 대한 신앙의 고백이다. 하나님 앞에 재정을 맡기지 못하는 마음은 선교지에서도 자신을 온전히 맡기기 어렵다. 그렇기에 모퉁이돌교회는 선교를 앞두고 성도들이 자신의 헌금 생활을 점검하도록 하고, 먼저 분명한 결단에 이르도록 교육한다. 이러한 이유로 헌금 생활에 성실한 성도만이 선교에 참여할 수 있도록 기준을 세우고 있다.

십일조와 헌금을 하나님께 드리는 일은 결코 쉬운 일만은 아니지만, 그렇다고 감당할 수 없는 일도 아니다. 이는 우리의 마음속에서 하나님을 어떻게 인정하고 있는가에 따라 전혀 다르게 받아들여진다. 하나님을 삶의 주인으로 고백하는 이에게 헌금은 자연스러운 순종이 되지만, 그렇지 않다면 헌금은 부담스럽고 피하고 싶은 과제가 될 수 있다.

약 100년 전, 많은 선교사가 이 땅에 복음을 전하기 위해 목숨을 걸고 찾아왔으며, 실제로 이 땅에서 생명을 잃은 이들도 있었다. 만일 그들이 두 마음을 품고 있었다면 결코 그러한 결단을 내릴 수 없었을 것이다. 선교는 바로 그런 성격의 사명이다. 오늘날 선교가 반드시 목숨을 내놓아야만 가능한 것은 아니지만, 가벼운 마음으로 감당할 수 있는 일 또한 아니다. 그렇기에 모퉁이돌교회는 헌금 생활에 성실하지 않은 성도는 선교에 참여할 수 없다는 분명한 기준을 세워 선교의 무게와 본질을 지키고자 한다.

### 성도와의 교제

선교는 결코 놀러 가는 것이 아니며, 단순한 호기심으로 방문하는 곳도 아니다. 따라서 "한번 가 볼까?"라는 가벼운 마음으로 향해서는 안 되는 곳이 바로 선교지이다. 선교지에서 드러나는 모습은 새로운 사람이 아니라 평소 공동체 안에서 살아가던 자신의 진짜 모습이다. 낯선 환경과 긴장된 상황 속에서는 감추어졌던 성품과 태도가 그대로 드러나기 마련이다.

이러한 이유로 선교는 개인의 열심으로 감당하는 사명이 아니라 공동체가 함께 짊어져야 할 사명이다. 그렇기에 모퉁이돌교회가 성도 간의 교제를 선교의 중요한 기준으로 삼는 데에는 분명한 이유가 있다. 평소 함께 예배하고 섬기며, 갈등을 회피하지 않고 조율해 본 경험이 없는 공동체는 선교지에서 하나 되기 어렵다. 교회 안에서 이미 서로를 이해하고 신뢰하는 관계가 형성되어 있어야 비로소 선교지의 긴장과 어려움 속에서도 복음은 흔들리지 않고 전해질 수 있다.

나는 학부 시절 선교지를 '전쟁터'에 비유하여 배웠으며, 실제 선교 현장에서 그 표현이 결코 과장이 아님을 여러 경험을 통해 확인하게 되었다. 예상하지 못한 상황에서 일정이 급작스럽게 변경되거나 열악한 환경 속에서 갈등이 발생하기도 하며, 익숙하지 않은 공간에서의 생활로 인해 서로가 쉽게 예민해질 수 있기 때문이다. 그렇기에 성도는 선교지로 향하기 전에 교회 공동체 안에서 이미 단단히 하나 되어 있어야 한다. 이러한 이유로 모퉁이돌교회는 평소 공동체 안에서 충분한 교제가 이루어지지 않은 성도는 선교에 참여할 수 없다는 분명한 기준을 세우고 있다.

"내가 곧 당신에게 사람을 보내었는데 오셨으니 잘하였나이다 이제 우리는 주께서 당신에게 명하신 모든 것을 듣고자 하여 다 하나님 앞에 있나이다."(행 10:33)

이방인 최초의 그리스도인이 된 고넬료는 가이사랴에서 백부장으로 복무하였다. 그는 경건하고 하나님을 경외하는 사람으로 백성을 많이 구제하고 하나님께 항상 기도하는 삶을 살았다. 이방인임에도 불구하고 하나님을 믿고 섬겼으며 하나님 사자의 지시로 베드로를 초청하여 가족들과 함께 베드로에게 복음을 들었다. 그리고 그 복음을 들은 모든 사람은 최초의 이방인 그리스도인이 되었다.

*"안녕하세요, 목사님!"*

2018년 어느 날, SNS를 통해 장문의 메시지 한 통을 받게 되었다. 그 메시지를 보낸 이는 현재 모퉁이돌교회의 협동 선교사로 섬기고 있는 이재호 선교사님이었다. 당시 이재호 선교사님은 캄보디아 사역 중 한국에 들어올 때마다 출석하던 교회가 있었으나, 담임목사의 결정으로 갑작스럽게 교회가 문을 닫게 되면서 큰 혼란을 겪고 있었다고 한다. 그로 인해 "한국에 오면 어느 교회에 뿌리를 내려야 할까?”라는 고민 속에 있던 중 SNS를 통해 모퉁이돌교회를 알게 되었다고 전했다.

이후 신문에 실린 모퉁이돌교회 관련 기사를 정독하며 “주님께서 이 교회를 알게 하셨구나. 이제 이곳이 내가 뿌리내릴 교회구나”라는 마음이 들었다고 한다. 동시에 “이 교회라면 캄보디아 조이풀스쿨의 아이들을 만나러 와 주실 수 있겠구나”라는 확신도 생겼고, 그 마음을 전하기 위해 그날 밤 장문의 메시지를 보내게 되었다고 했다.

2018년은 유난히 이단 문제가 사회적, 교회적으로 민감하게 다루어지던 시기였기에, 새로운 사람을 만나는 일에 있어 매우 조심스러웠다. 그런 가운데 이재호 선교사님은 메시지를 보낸 이후, “목사님, 언젠가 캄보디아에 오셔서 아이들에게 복음을 전해 주세요”라며 먼저 방문을 제안해 왔다. 그리고 다음 해, 한국에 나온 선교사님을 처음으로 직접 만나게 되었다. 처음부터 마음을 열었던 것은 아니었지만 대화를 나누고 시간을 함께하며 그가 매우 순수하고 복음에 대한 열정이 가득한 사람임을 자연스럽게 알게 되었다.

이재호 선교사님은 선교사로 섬기고 계신 부모님을 도우며 캄보디아의 가난하고 어려운 아이들에게 배움의 기회를 제공하는 사역을 감당하고 있다. 조이풀스쿨에서 교육 디렉터로 섬기며 직접 영어 수업을 진행하는 동시에 아이들의 삶 가까이에서 그들을 돌보고 있다. 더 나아가 선교사님은 “복음은 모두의 것이다”라는 신념으로 캄

보디아의 부유층 청소년과 청년들을 대상으로 한 또 다른 선교 사역
도 함께 감당하고 있다.

선교사님은 'PUMP'라는 게임을 통해 청소년들과 관계를 맺고 복
음을 전하는 사역을 하고 있는데, 이 사역은 단순한 만남에 그치지
않고 실제로 PUMP 대회를 직접 주최하며 더 많은 이들에게 복음을
전하는 데까지 이어지고 있다. 이 대회는 ○○자동차와 ○○은행이
스폰서로 참여할 만큼 규모와 영향력이 있는 행사로, 선교사님의 사
역이 결코 작지 않은 영역으로 확장되고 있음을 보여준다.

이러한 이재호
선교사님의 사역을
알게 된 나는 선교
사님과 약속하고 캄
보디아를 직접 방문
하게 되었다. 처음
부터 성도들과 함

캄보디아 조이풀스쿨 이재호 선교사님

께한 방문은 아니었고, 먼저 두 차례에 걸쳐 청년들과 함께 캄보디
아를 찾았다. 첫 번째 방문에서는 조이풀스쿨 학생들과 함께 시간을
보내며 교제하는 데 집중하였고, 두 번째 방문에서는 달고나 200개
를 만들어 아이들에게 나누어 주는 사역을 감당하였다.

마침 두 번째 방문 당시에는 이재호 선교사님이 주최하는 PUMP

대회가 열리고 있었다. 나는 한국에서 온 '특별 게스트'라는 명분으로 대회에서 직접 인사를 전하고 시상자로 참여하였으며, 대회 전반을 함께 관람한 후 한국으로 돌아오게 되었다. 그 시간을 통해 선교사님이 캄보디아를 향해 품고 있는 비전이 매우 분명하다는 것을 확인할 수 있었고, 동행했던 청년들 또한 그 비전에 깊이 공감하였다.

귀국 후 우리는 모퉁이돌교회 성도들에게 캄보디아 사역을 소개하고 본격적으로 선교를 계획하기 시작하였다. 그리고 마침내 2023년, 15명의 청년과 우리 가족이 함께 캄보디아 선교에 참여하게 되었다.

## | 캄보디아 선교 준비 |

캄보디아 선교는 모퉁이돌교회가 교회 멤버십을 더욱 견고히 세우는 데 많은 도움이 되었다. 우리는 캄보디아 선교를 결정한 후, 이재호 선교사님이 섬기고 있는 조이풀스쿨에서 아이들을 대상으로 여름성경학교를 진행하기로 하고 본격적인 선교 준비에 들어갔다. 그 과정에서 담임목사의 부족한 부분은 성도들이 채워 주었고, 성도들의 연약한 모습은 담임목사가 함께 감당하며 서로의 부족한 점을 보완해 나갔다.

캄보디아 선교를 준비하며 가장 깊이 고민했던 부분 중 하나는 가족 모두를 동행시키는 문제였다. 이는 단순한 결정이 아니라 상당한 재정이 수반되어야 하는 부담스러운 선택이었기 때문이다. 더구나 당시 아내는 선교에 대해 전적으로 긍정적이지 않았다.

"국내에도 도움이 필요한 사람들이 많은데, 왜 굳이 해외까지 나가야 하는지 모르겠어."

그러나 나는 교회 공동체가 진정한 멤버십으로 더욱 단단해지기 위해서는 우리 가족 역시 같은 비전을 품고 같은 방향을 바라보아야 한다고 확신하였다. 청년들 중에도 아내와 같은 생각을 가진 이들이 있었지만 우리는 그들과 충분한 대화를 나누며 선교의 의미와 방향을 공유했고 결국 함께 선교 준비에 동참하게 되었다.

태권도 품새 시범 중인 허아인 학생

두 차례에 걸쳐 캄보디아를 방문하며 선교 현장을 직접 보고 돌아온 나는 캄보디아 선교를 보다 분명한 결단으로 추진하게 되었다. 당시 태권도 품새 선수로 활동하는 딸에게 일주일간 태권도 훈련을 하지 못한다는 사실은 받아들이기 힘든 일이었기에 이 결정은 쉽지 않은 선택이었다.

그러나 아버지로서 또한 목회자로서 나는 딸의 태권도 달란트가 하나님의 영광을 위해 사용되기를 바랐고, 왜 우리가 캄보디아로 가야 하는지 분명히 설명해 주고자 했다. 여기에는 나 개인의 확신만이 아니라 하나님께서 주신 분명한 이유와 경험이 있었다. 당시 딸은 초등학교 5학년이었고, 그로부터 1년 전인 4학년 때 태권왕 선발대회에 출전하여 왕중왕전까지 진출하게 되었다. 결승전의 마지막 상대는 그동안 이겨보지 못한 선수였다. 그때 나는 하나님께 이렇게 기도했다.

"하나님, 만약 이번 결승에서 아인이가 우승하게 된다면, 딸과 함께 캄보디아로 선교하러 가겠습니다"

비록 단기선교이기는 했지만 나는 간절히 기도했고 하나님께서는 그 기도를 들으셨다. 아인이는 결승전에서 단 0.03점 차이로 왕중왕전에서 우승을 차지하게 되었다. 준비 과정부터 결과에 이르기까지 하나님의 인도하심이 분명히 느껴지는 순간이었다. 우승의 기쁨도 잠시, 태권도 훈련을 내려놓고 선교를 가야 한다는 사실 앞에서 딸의 불평이 전혀 없었던 것은 아니었지만, 왜 우리가 캄보디아로 가야 하는지를 충분히 이해한 후에 기꺼이 선교에 동참하게 되었다. 아내 역시 이 과정에서 마음을 열었고, 결국 우리 네 가족 모두가 함께 캄보디아로 향하는 비행기에 오를 수 있었다.

아내와 딸 아인이에게 캄보디아 선교는 큰 결단이 필요한 여정이었지만, 아직 현지의 날씨와 상황을 경험해 보지 못한 아들 윤이에게는 가족이 함께 떠나는 여행이자 비행기를 탄다는 설렘으로 가득한 시간이었다. 어린 나이였기에 아들에게 큰 역할을 기대하지는 않았지만, 선교지에서 윤이는 누구보다 캄보디아 친구들을 아끼고 사랑하며 지냈다. 걱정하던 아버지의 마음을 무색하게 할 만큼 너무나도 밝고 잘 적응하는 모습이었다. 정이 많은 아들의 모습을 기억하며, 나는 그의 미래 또한 하나님께서 어떻게 인도하실지 기도하며 기대하게 되었다.

## 캄보디아 선교를 통해 얻은 교회 멤버십

선교를 가야 할지 말지 고민하던 청년들부터 우리 가족에 이르기까지, 우리는 지난 2~3년 동안 교회 중직들과 함께 캄보디아를 오가며 계속해서 이야기해 오던 조이풀스쿨 사역에 마침내 함께하게 되었다. 모퉁이돌교회는 신앙 1세대들이 주축이 되어 세워지고 이끌어 온 공동체였기에, 교회가 주체가 되어 나서는 첫 선교 사역을 통해 하나님께서 어떻게 역사하실지에 대한 기대가 컸다.

목사인 내가 늘 이야기하던 캄보디아 어린 학생들의 맑은 눈을 직접 마주한 청년 성도들은 눈물을 흘렸고, "굳이 외국까지 나가야 할까?"라며 망설이던 유혜미 사모는 어느새 아이들을 품에 안고 그들을 향한 하나님의 깊은 사랑을 느끼고 있었다.

걱정하던 우리 아이들 역시 더위에 투정을 부리기도 했고, 아직 확신이 서지 않았던 딸은 태권도 시범을 보이면서도 불평 섞인 말을 하기도 했다. 그런데도 아이들은 캄보디아 친구들과 자연스럽게 어울렸고, 청년들과 함께 우리 가족은 모퉁이돌교회라는 이름 아래 같은 목적을 품고 같은 방향을 바라보며 나아가고 있었다. 그 시간을 통해 우리 가족과 청년들은 왜 목사인 내가 그토록 "함께 가자"고 말해 왔는지를 비로소 깨닫게 되었다.

캄보디아 선교를 하루 앞둔 날 저녁, 현지 식당에서 식사하며 우리는 2024년 선교에 함께할 성도들을 모집했다. 놀랍게도 그 자리에 있던 15명 전원이 동참을 결정했고, 선교 등록비 5만 원을 즉시 교회 선교 통장으로 입금했다. 어떻게 하면 교회 안에 건강한 멤버십을 세울 수 있을까? 아마 지금, 이 순간에도 많은 공동체가 고민하고 있을 질문일 것이다. 나는 모퉁이돌교회의 사례를 통해 공동체의 멤버십을 세우는 데 가장 중요한 것은 '같은 목적을 품고, 같은 곳을 바라보며, 함께 걸어가는 경험'이라고 생각하게 되었다.

선교는 많은 재정과 시간 헌신을 요구하는 사역이다. 그러나 함께 선교를 준비하고, 선교지에서 일주일을 함께 먹고 자며 시간을 보내는 가운데 모퉁이돌교회의 멤버십은 더욱 단단해졌다. 그 결과 더 많은 성도가 마음을 모으게 되었고, 이제는 총 22명의 선교팀이 구성되어 2024년 8월, 모퉁이돌교회의 두 번째 캄보디아 선교를 준비하고 있다.

## | 2024년, 캄보디아 선교를 가다 |

모퉁이돌교회의 청년은 총 35명이며, 그중 20명이 이번 2024년 캄보디아 선교에 함께하였다. 여기에 나의 자녀 아인이와 윤이까지 포함하여 총 22명이 이번 선교에 동참하게 되었다. 교회 청년의 약 60%가 참여한 모퉁이돌교회의 두 번째 캄보디아 선교에는 첫 번째 선교를 경험했던 청년들이 거의 모두 빠짐없이 함께하였다.

우리를 기억하고 기다리던 조이풀스쿨의 학생들과 선생님들, 그리고 이번에 처음으로 선교에 참여한 모퉁이돌교회 청년들이 자연스럽게 어우러지며 이번 선교는 이전보다 더욱 큰 기쁨과 감사가 넘치는 시간이 되었다.

선교지에 도착한 첫날, 모퉁이돌교회 선교팀은 캄보디아의 역사와 아픔을 배우기 위해 킬링필드를 방문하였다. 캄보디아 선교를 시작하기 전, 이 땅에 어떤 아픔과 역사가 있었는지를 아는 것이 중요하다고 생각했기 때문이다. 이 시간은 조이풀스쿨 학생들에게 복음을 전하기에 앞서, 왜 우리가 이 땅을 더 아끼고 사랑해야 하는지를 깊이 깨닫게 해 준 뜻깊은 방문이었다.

캄보디아의 아픈 역사를 마음에 품은 우리는 다음 날부터 시작될 성경학교를 준비하며 조이풀스쿨을 방문하였다. 우리가 도착했을 때는 이미 하교 시간이 지나 남아 있는 아이들이 많지 않았지만, 아이들은 여전히 모퉁이돌교회를 기억하며 따뜻하게 우리를 맞아주었다. 우리는 내일을 기대하며 선생님들과 인사를 나눈 뒤 저녁을 먹고 숙소로 돌아왔다.

조이풀스쿨 아이들과 사진을 찍는 유혜미 사모

이후 3일간의 선교 사역은 감사와 은혜의 연속이었다. 처음 선교에 참여한 성도들의 눈에는 감사와 기쁨의 눈물이 흘렀고, 두 번째

로 참석한 성도들 역시 오랜만에 다시 만난 아이들을 향한 사랑이
여전히 가득했다. 무엇보다 딸 아인이에게 놀라운 변화가 일어났다.
왜 캄보디아에 와야 하는지 알지 못한 채 억지로 따라왔던 2023년과
달리, 2024년 선교를 통해 아인이는 하나님을 인격적으로 경험하였
다. 선교를 마치며 내년에도 반드시 다시 오겠다고 고백하며, 캄보
디아에서 받은 은혜와 사랑을 눈물로 나누었다.

2024년 캄보디아 선교, 조이플스쿨

사랑을 전하러 떠났던 청년들과 성도들은 오히려 더 큰 사랑을 받
고 돌아왔고, 2025년에는 더 많은 청년과 중고등부 아이들과 함께
다시 오겠다고 다짐하게 되었다. 모퉁이돌교회는 청년들이 주축이
되는 교회이지만, 그 어느 교회보다 교회를 사랑하고 영혼을 사랑하
는 공동체로 자라가고 있음을 확인하는 시간이었다. 3일간의 성경

학교 사역을 마친 마지막 날, 우리는 캄보디아 기독교 역사박물관을 방문하여 캄보디아 선교와 기독교의 역사를 배우는 시간을 가졌다. 그곳에서 캄보디아 순교의 현장을 사진으로 마주하며, 이 땅을 위해 함께 기도하였다.

킬링필드를 방문했던 기억 위에, 복음을 위해 헌신했던 캄보디아의 기독교 리더들을 다시 사진으로 만나며, 어느 땅이든 복음이 흘러가기 위해서는 반드시 누군가의 희생과 눈물, 그리고 순교의 피가 필요하다는 사실을 깊이 깨닫게 되었다. 캄보디아 기독교 역사박물관 방문을 끝으로 모든 일정을 마친 우리는 저녁 비행기를 타고 토요일 오전 7시 30분 인천에 무사히 도착하며 이번 선교 여정을 마무리하였다.

## | 협동선교사 |

2018년, 캄보디아에서 이재호 선교사님의 편지를 받았고, 2024년 여름 우리는 다시 캄보디아로 향했다. 개인적으로는 다섯 번째 방문이었고, 청년들과는 두 번째 선교의 시간이었다. 모퉁이돌교회가 처음부터 캄보디아 선교에 관심이 있었던 것은 아니다. 늘 마음에 품고 고민해 왔지만, 같은 마음으로 변함없이 모퉁이돌교회를 찾아주고 불러준 분은 이재호 선교사님이 처음이었다.

많은 분이 "한번 오세요"라고 말했지만, 장문의 편지를 써서 마음을 전하고 직접 한국에 들어와 모퉁이돌교회를 찾아온 선교사님은 이재호 선교사님이 처음이었다. 그 순수함과 열정이 모퉁이돌교회의 마음을 움직였던 것 같다.

한국에서 만난 이재호 선교사님의 모습은 매우 순수한 청년과도 같았고, 캄보디아 아이들을 향한 사랑으로 가득한 사람이었다. 이후 선교사님은 매년 한국에 들어올 때마다 가장 먼저 모퉁이돌교회를 찾아오셨고, 비록 교단은 달랐지만 침례교회인 모퉁이돌교회의 정식 성도가 되고 싶어 하셨다.

모퉁이돌교회는 작은 교회다. 어린아이들이 모여 있는, 아직은 어린 교회이기도 하다. 그러나 이재호 선교사님은 교회의 크기에 집중하지 않으셨고 교회의 나이에도 관심을 두지 않으셨다. 그저 영혼을 사랑하고 다음세대를 사랑하는 그 한 가지 모습만을 보고, 이 교회, 모퉁이돌교회라면 누구보다 캄보디아의 아이들을 진심으로 사랑해 줄 수 있을 것이라 믿었다고 한다.

얼마나 감사한 일인가? 교회가 성장하며 걸어오는 과정에서 사람들로부터 상처 받았던 우리를, 하나님께서는 다시 사람을 통해 회복해 주셨다. 서로에 대한 신뢰가 깊어졌고, 누구보다 순수한 이재호 선교사님의 모습에 감동한 나는 중직들과 회의를 거쳐 2022년부터 선교사님을 모퉁이돌교회의 정식 성도로 인정하게 되었다. 그리고

2023년, 우리는 선교팀을 꾸려 캄보디아 조이풀스쿨로 첫 단기선교를 떠났으며, 2024년에는 20명의 청년과 함께 다시 캄보디아를 방문하였다. 그 자리에서 모퉁이돌교회는 이재호 선교사님을 협력 선교사로 공식 임명하였다.

사람들은 교단이 다름에도 협력 선교사로 이재호 선교사님을 세운 이유를 궁금해한다. 그러나 이유는 단순하다. 복음이 같고, 바라보고 있는 분이 바로 예수님이기 때문이다. 선교의 목적이 같고, 영혼을 사랑하는 마음이 같기 때문이다.

2024 캄보디아 선교 중 협동 선교사 임명식

처음 이재호 선교사님을 만났을 때만 해도 그분이 모퉁이돌교회의 협력 선교사가 될 것이라 예상한 사람은 아무도 없었다. 그러나 우리는 교단을 넘어 함께 걷고 있다. 그리고 앞으로도 같은 마음을 품고 같은 방향을 바라보며 함께 달려갈 것이다.

모퉁이돌교회는 분명 초교파적인 교회다. 협동 선교사는 성결교단, 협동 목사는 장로교단, 그리고 모퉁이돌교회는 침례교단이다.

우리는 다른 점을 찾기보다 같은 점을 보고 싶다. 우리는 창조주 하나님을 믿고, 구원자 예수 그리스도를 믿으며, 성령님의 인도하심을 믿는다. 한 영혼에 집중하며 복음 안에서 하나님을 확신한다. 그렇기에 우리는 함께할 수 있고 같은 곳을 바라보며 걸어갈 수 있다. 오늘도 그 '함께함'을 기대한다.

## | 2025년, 다시 찾은 캄보디아 |

2024년 캄보디아 선교를 마치는 마지막 날 밤, 나는 선교팀원들에게 내년 선교를 다시 결단하자고 제안하였다. 선교에 참여한 모두가 마음을 모아 결단했고, 그렇게 우리의 2025년 캄보디아 선교는 2024년 선교를 마무리하던 그날 밤부터 이미 시작되었다.

물론 1년 뒤 우리의 삶 가운데 어떤 일들이 펼쳐질지는 아무도 알지 못한다. 그러나 우리는 두 번의 선교를 통해 환경을 뛰어넘어 역사하시는 하나님을 경험하였고, 모퉁이돌교회가 걸어온 10년의 세월 속에서도 하나님의 놀라우신 은혜를 수없이 체험해 왔다. 그 경험들이 쌓여 믿음이 되었기에 모퉁이돌교회의 선교는 비행기를 타는 순간이 아니라 1년 전, 각자의 삶을 결단하는 자리에서부터 시작된다.

휴가를 내어 참여한 군인, 한 달 내내 야근하며 겨우 휴가를 맞춘 청년, 선교를 전제로 취업을 결정한 청년, 선교를 마친 뒤 취업하겠다며 아르바이트만 하며 준비한 청년, 졸업 전시회를 앞두고 바쁜 여름을 쪼개 참여한 청년, 그리고 선교를 위해 매주 만 원씩 용돈을 아낀 중학생까지. 2024년의 22명보다 더 많은 27명이 캄보디아 선교에 참여하기를 희망했고, 그 자체로 2025년 선교는 이미 충분히 의미 있는 시간이었다.

2025년 캄보디아 선교를 준비하던 중, 갑작스러운 대통령 선거로 방학 일정이 하루 미뤄지면서 참여하지 못하게 된 특수학교 교사 이윤희 성도, 태중에 아이를 허락받아 함께하지 못하게 된 전예지 집사, 그리고 갑작스러운 부모님의 반대로 참여하지 못한 한 중학생 성도를 제외하고 최종적으로 26명의 선교팀원이 함께하게 되었다.

갑작스럽게 빠지게 된 성도들이 있어 아쉬움도 컸지만, 하나님께서 함께하심을 믿기에 우리는 아쉬운 마음을 내려놓고 오히려 빈자리까지 채우실 하나님을 기대하게 되었다. 그 기대 가운데, 이번 선교에는 호주에서 사역 중인 모퉁이돌교회 협동 목사님이 함께하게 되었고, 새롭게 참여하는 성도들도 세 명이나 더해졌다. 하나님은 아직 우리에게 보여주실 것이 있었고 함께 하시기를 원했기에, 우리는 이번에도 하나님이 보여주실 새로운 캄보디아와 다시 만나게 될 조이풀스쿨의 아이들을 더 기대할 수밖에 없었다.

| **다시, 새롭게 사랑할 대상을 보내주신 예수님 : 은찬이의 선교 고백** |

제가 고등학생 때의 일이었습니다. 마음이 병들어 교회를 나가지 못하였고, 치유하시고 위로하시는 주님을 만났으나 공동체 생활과는 완전히 단절된 불안정한 상태였습니다. 기본적이고 진실한 신앙고백이어야 하는 헌금이나 십일조 생활은 교회 생활이 안 되니 당연히 하지 못했습니다. 저의 시각은 협소하였고, 하나님 나라에 '재물'을 투자한다는 엄두를 내지는 못하였습니다. 하지만 모퉁이돌교회에서 적응기를 겪으면서, 주님은 제게 '돈'에 대한 가치를 재정립하게 해 주셨고 훈련시키셨습니다. 그리고 주님의 나라에 투자하게 된 첫 결단이 바로 이번에 다녀온 2025년 캄보디아 조이풀 선교입니다.

'해외선교 가는데 120만 원이나 쓴다고?', '해외 말고 국내도 선교지 있잖아.' 캄보디아 선교를 제안받기 전에는 사탄의 이런 교묘한 거짓말에 속았습니다. 그러나 순식간에 일어난 목사님의 제의와 저의 결단 이후 주님께서 길을 열어 주셨고, 대부분의 선교 비용을 채워주셨습니다. 저는 주님께서 내게 정말 꼭 보여주고 싶은 것이 있으시구나 하는 생각이 들었습니다. 그래서 온전히 주님을 신뢰하기로 하였습니다.

결단 이후 첫 번째 어려움이 찾아왔습니다. 사단의 거짓말('해외선교 가는데 120만 원이나 쓴다고?', '해외 말고 국내도 선교지 있잖아')

이 더욱 거세지는 것이었습니다. 머리로는 알지만, 나의 육신이 유혹당하는 곤란한 상태였습니다. 하지만 그때 주님께서 저에게 이렇게 말씀해 주셨습니다. "은찬아, 한 번 가 보자. 경험해 보자. 나는 너를 억지로 그곳에 데려다 놓고 싶진 않아. 하지만 너는 이미 알고 있잖아. 이번 선교는 내가 너를 위해 계획한 것이라는 것을." 저는 마음을 가다듬고 일어날 모든 일과 경험할 것들을 주님께 맡기기로 했습니다.

하지만 종강 이후 두 번째 어려움이 찾아왔습니다. 늘 제 삶에서 그림자처럼 괴롭혀왔던 '공허함'이라는 마음이었습니다. 술 생각이 간절했습니

캄보디아 아이들과 은찬이

다. 세상 것들로 나를 마취시키고 싶었습니다. 그래서 주님 앞에 볼품없이 나아갔습니다. 그런데 주님께서는 응답이 없으셨고, 몇 주가 지난 뒤 캄보디아에 도착하여 아이들을 본 그 순간이 주님의 응답임을 알게 되었습니다.

아이들은 정말 눈이 맑고 귀여웠습니다. 그저 좋다고 나에게 안기는 아이들을 예뻐하다 보면 제 마음의 공허함이 채워지는 느낌이

었습니다. 하지만 하나님은 저의 공허함을 회복시키는 것을 넘어서, 그들과 그들의 민족을 위해 기도할 열정과 사랑의 마음을 주셨습니다. 가장 마음이 크게 갔던 것은, 이렇게 밝은 아이들이 커서 대부분 고무 공장에 갈지도 모른다는 무서운 사실이었습니다. 저는 너무나 큰 슬픔을 느꼈습니다. 하나님이 이미 제게 이들을 사랑하는 마음을 주셨고, 저는 이들이 행복하고 안전했으면 했기 때문입니다. 그래서 저는, 내가 할 수 있는 한, 마음을 다해 이들을 사랑하기로 결단했습니다. 나조차도 채워지지 않은 갈대 같은 인간이지만 열정을 다해 이들을 위해 기도하겠다고 다짐하였습니다. 그리고 내가 이들을 생각하고 기억하고 사랑하는 시간 속에서 나는 채워질 것이고, 흔들리지 않고 굳건히 세워질 것을 믿었기 때문입니다.

저는 선교를 하러 가기로 결단하기 전에는 '물질'에 대한 가치관이 바로 서지 않았었고, 하나님의 능력에 대해 조금은 협소하게 생각하였으며, 가끔 찾아오는 공허함에 어려움을 겪곤 하였습니다. 하지만 선교를 다녀온 후 나의 마음에 다시 생명력이 찾아왔고, '물질'은 그저 하나님께 나아가는 수단임을 인정하게 되었으며, 주님 안에서 마음을 다해 사랑할 새로운 대상이 생겼습니다. 그래서 내 마음의 공허함도 나를 전처럼 무너뜨리지 못할 것입니다.

이번에 처음으로 모퉁이돌교회에서 캄보디아 단기선교를 다녀왔어요. 저는 제가 생각하는 저의 한계로 선교를 가지 않으려 했지만, 작년 여름 수련회 때 '한계를 돌파하라'라는 주제로 진행됐던 교회 탐방에서 청주 상록수 교회 목사님을 통해 받은 감동으로 선교를 결단하게 됐어요. 마음에 강한 감동으로 내린 결단이었지만 '정말 괜찮을까?' '무슨 일이 생기는 건 아닐까?' 하는 걱정에 두려움도 있었어요. 하지만 제가 걱정했던 것과는 달리 편안한 마음으로 선교에 임할 수 있었어요. 이번 선교는 저에게 많은 것을 느끼게 해준 선교였어요.

첫째 날은 뚜어슬랭을 다녀왔는데, 학교였던 장소가 같은 민족을 죽이고 고문하는 수용소가 되었다는 것에 마음이 너무 아팠어요. 수많은 희생자의 얼굴을 보는 데 마음이 너무 무거웠어요. 이 역사는 다시 반복되어서는 안 되며 캄보디아 사람들을 위해 기도해야겠다고 생각했어요.

다음 날은 조이풀스쿨에 갔어요. 아이들과 처음 만나는데 내가 과연 잘 다가갈 수 있을까 싶었지만, 아이들이 하이 파이브도 해 주고 안아주며 다가와 줘서 아이들과 금방 어울릴 수 있었어요. 그곳에서 수업도 진행했어요. 처음 해보는 수업이라 긴장도 되고 떨렸지만 선생님들이 도와주셔서 무사히 잘 마칠 수 있었어요. 지도하는 것에 따라 아이들이 따라오는 걸 봤는데 너무 예뻤고, 만들고 좋아하는 모습을 보니 흐뭇했어요.

캄보디아 아이들과 하은이

처음 수업을 맡은 반이 3학년 교실이었는데 이곳에서 저의 마음이 가는 친구가 생겼어요. 3학년 수업을 마치고 다른 학급에서 수업을 진행하는데 그 친구가 문밖에 서서 저를 자주 쳐다보기도 했고, 저한테 다가와 말을 걸기도 했어요. 처음엔 지나가다 보여서 봤나보다 싶었는데 나중에 이 친구가 저에게 마음을 열고 있다는 걸 알게 됐어요. 넷째 날에 그 친구가 저에게 다가와 한글로 적힌 자기 이름을 보여줬는데, 그 자체로 너무 예쁘고 고마웠어요. 한글로 적힌 이름표 덕분에 그 친구의 이름을 쉽게 외울 수 있었고 만날 때마다 이름으로 부를 수 있었어요. 이름으로 부르니 엄청나게 좋아했어요.

다음으로는 조이풀스쿨에서 드렸던 예배에 대해 말하고 싶어요. 아이들이 예배드리는 모습은 열정 그 자체였어요. 율동하며 찬양할 때는 열심히 따라 추며 찬양하였고, 잔잔한 찬양을 할 때는 눈을 감고 손을 올리며 마음을 다해 찬양했어요. 기도할 땐 아이들 모두가 무릎을 꿇고 기도하는데, 기도의 한 문장이 끝날 때마다 큰 목소리로 '아멘'을 외치며 기도했어요.

아이들 한 명 한 명이 얼마나 귀하고 소중한지 마음으로 느낀 시간이었어요. 설교 시간에 목사님이 달린이 동윤이가 온 걸 보고 울면서 반겼다고 하시며 하나님의 사랑은 이보다 더 크다고 말씀하셨는데, 캄보디아의 많은 영혼이 주님께로 돌아오면 얼마나 기뻐하실지 상상해 봤어요. 하나님이 눈물을 흘리시며 기뻐하실 모습을 상상하니 마음이 울컥했어요. 이 마음을 느낄 수 있게 해 주심에도 감사했어요.

이제 선교 마지막 날에 관해 이야기하려 해요. 끝날 때가 되니 시간이 빠르게 지나감을 느꼈고 헤어진다는 것이 너무 아쉬웠어요. 특히 저의 마음의 친구인 김취엥과 헤어진다는 것에 마음이 너무 아팠어요. 국기 하강식 때 서로 마주치고 웃으면서 손잡고 돌아다녔는데 헤어지는 그 순간에 너무 슬펐어요. 제가 만약 선교를 가지 않았더라면 이런 귀한 만남은 없었을 거예요.

작년 여름 수련회 때 제 마음에 강한 감동을 주셔서 감사합니다. 선교하러 가겠다는 결단을 내리고 준비할 수 있게 해 주셔서 감사합니다. 이번 선교는 정말 제 마음에 깊이 남아요. 내년에도 잘 준비해서 캄보디아로 갔으면 좋겠습니다. 내년 수업 때 음악 활동으로 뭘 하면 좋을지 구상 중이에요. 주님, 제게 지혜를 허락해 주세요.

# 3. 침례로 신앙고백하는 아이들

침례는 주 예수님의 공사역을 시작하게 하였으며(마 3:13-17) 지상 명령의 핵심에 놓여 있기에(마 28:16-20) 침례교단에서 침례는 가장 중요한 신앙고백이며, 멤버십을 이루는데 중요한 요소 중 하나이다. 신앙 1세대들이 대부분이고 다른 교단에서 세례받고 온 성도들도 있으나, 모퉁이돌교회는 침례교회이고 침례교의 정체성을 확실히 가지고 걸어가는 교회이기에 모퉁이돌교회 정식 성도가 되기 위해서는 침례 교육을 받고 침례 의식을 통해 침례를 반드시 받아야 한다.

모퉁이돌교회는 침례가 지니는 공동체적 의미를 중요하게 강조한다. 그리스도인은 누구도 홀로 존재할 수 없으며, 개인적인 신앙에 머무는 기독교인은 있을 수 없다. 우리는 서로에게 속해 있으며, 그 소속됨을 외적으로 드러내는 표지가 바로 침례이다. 침례는 개인이 스스로 행하여 그리스도인이 되는 행위가 아니라, 공동체 안에서 집례되는 교회의 사역이다. 침례는 성도에게 특권과 협력, 그리고 책임을 부여하며, 우리를 그리스도의 몸 된 교회의 한 지체로 세우는 은혜의 예식이다.

## | 침례는 누가 받는가? |

모퉁이돌교회에서는 성도의 자격을 갖춘 자가 침례를 받는다. 모퉁이돌교회의 성도가 되기 위해서는 주일예배에 총 12회 참석해야 하며, 이 12주간의 예배 후 침례 교육에 참여하게 된다. 침례 교육의 내용을 이해하고 침례를 신앙적으로 인정한 자만이 성도로 받아들여져 침례받을 수 있다. 모퉁이돌교회의 침례는 침례 교육을 모두 이수한 자를 대상으로 하여, 매년 한 차례 시행되는 7월 또는 8월의 침례식에서 집례된다. 모퉁이돌교회의 성도라면 반드시 침례받아야 한다.

## | 침례에 나이 제한은 있는가? |

침례는 예수님을 자신의 구주로 고백하면 성인이나 어린아이나 나이에 제한 없이 누구나 침례를 받을 수 있다. 하지만, 모퉁이돌교회에서는 특별한 경우가 아니라면 나이 제한을 두며, 중학생 이상이 되고 모퉁이돌교회의 성도 된 자격을 갖춘 자에게만 침례를 베풀고 있다. 침례받을 수 있는 자격에 대해서는 담임목사가 정관을 기준으로 판단하며, 중직들의 동의를 얻어 그 해 이뤄지는 침례 교육에 한 번도 빠지지 않고 이수한 자에게만 침례를 준다. 혹 담임목사가 판단할 때 자격에 미달하는 성도가 침례를 요청한다면, 면담을 통해 대화를 나눈 후 시간을 두어 다음 해에 받도록 권유한다.

## │ 침례 교육은 어떻게 이뤄지는가? │

모퉁이돌교회의 침례 교육은 총 4주 과정으로 진행된다. 첫째 주에는 침례 교단이 어떤 신앙적 정신 위에 세워졌는지를 살펴보며 침례교회의 역사를 배운다. 둘째 주에는 침례의 의미를 중심으로 침례가 무엇인지 이해하고, 침례받을 수 있는 자격을 배우며, 침례를 앞두고 자신의 신앙을 점검하는 시간을 갖는다. 셋째 주에는 침례교회가 유아세례를 시행하지 않는 이유와 침례가 반드시 침수로 이루어져야 하는 신학적 근거를 배우고, 타 교단과 침례 교단의 차이점을 비교하며 집중적으로 학습한다. 마지막 넷째 주에는 최초의 침례교회인 강경침례교회를 직접 방문하여 침례교의 역사를 현장에서 탐방한다.

모퉁이돌교회에는 침례탕이 없다. 그로 인해 침례를 시행할 장소는 언제나 교회 공동체의 고민이 되어 왔다. 개척 이후 첫 번째와 두 번째 침례식은 천안 지역의 동일 교단 교회인 뿌리침례교회의 도움을 받아, 교회 앞에 임시 수영장을 설치하여 진행하였다. 그러나 뿌리침례교회가 이전하면서 이제는 같은 방식으로 침례식을 진행할 수 없게 되었고, 이후에는 천안에서 약 1시간 30분 거리에 있는 계곡으로 이동하여 침례를 받기도 하였다.

침례는 세례와 분명히 구별되는 예식으로, 원칙적으로 침례탕이 필요하다. 그러나 모퉁이돌교회에는 침례탕이 없기에 지금까지도 외부 장소에서 침례식을 진행하고 있다. 비록 침례의 장소에 대해 성경이 구체적인 규정을 제시하고 있지는 않지만, 침례식을 교회 밖에서 거행하는 것은 이 세상의 주인이 하나님이심을 고백하며, 하나님이 지으신 세상 속에서 자신의 믿음을 삶으로 드러내는 신앙의 행위라 할 수 있다.

가장 최근인 2023년에는 논산에서 교회학교 여름성경학교를 진행하며 침례식을 함께 거행하였다. 이 자리에서 초등학생 20명 앞에서 청장년 성도들이 침례받는 모습을 통해 침례의 의미가 자연스럽게 다음세대에게 교육되는 귀한 시간이 되었다. 문화동으로 이전한

2024년부터는 건물 주차장에 소형 수영장을 설치하여 침례식을 진행하였고, 교회학교 아이들도 함께 참여하여 성경공부를 대신하는 실제적인 교육의 장으로 삼고 있다.



2016년 7월 17일에 시행된 침례식은 지금도 잊을 수 없는 기억으로 남아 있다. 모퉁이돌교회라는 이름으로 행해진 첫 침례 예식이다. 당시 침례탕을 갖추지 못했던 모퉁이돌교회는 같은 지역 뿌리침례교회의 도움을 받아 침례식을 진행하였다. 신앙 1세대들의 침례식이었던 만큼 모퉁이돌교회에는 뜻깊은 시간이었다. 특별히 함께 개척한 개척 멤

침례를 받는 유혜미 사모

버들에게 침례를 베풀 수 있었던 것은 큰 감사의 이유였으며, 아내인 유혜미 사모가 침례 예식에 참여한 것 또한 깊은 감사의 이유가

되었다. 유혜미 사모는 태어날 때부터 장로교단에서 자란 크리스천으로, 유아세례를 받고 입교의 과정을 거쳤다. 그러나 남편을 만나 침례교회 목사의 아내로서 사모의 길을 걷게 되었고, 주 예수 그리스도를 자신의 구원자로 고백하며 모퉁이돌교회의 일원으로서 바로 서기 위해 침례 교육을 받고 침례 예식에 참여하여 침례를 받았다.

침례는 예식이다. 침례를 받는다고 해서 천국에 가는 것은 아니지만, 침례를 받음으로 자기의 삶이 그리스도의 삶에 연합되었음을 공적으로 선포하여 더욱더 교회와 예수님을 사랑하기로 약속하는 것이 침례의 의미이다. 그날 침례식에 참석한 최민석 집사와 조민식 성도, 장은서 성도 역시 처음으로 침례 예식에 참여하여 예수 그리스도를 자신의 구원자로 고백하는 귀한 시간을 가졌다.

이후에 이들은 모퉁이돌교회를 섬기는 운영위원으로 성장하게 되었다. 교회를 개척한 지 2년 만에 맞이한 첫 침례식은 모퉁이돌교회 공동체에 신앙의 뿌리가 세워지는 매우 값지고 의미 있는 시간이었다.

## | 계속 이어지는 침례식 |

2024년 9월 1일 모퉁이돌교회의 침례식이 있었다. 이번 침례식에는 10명의 성도가 참여하였으며, 그중 특별히 중학생 4명이 침례를 받았다는 점에서 더욱 의미가 깊었다. 이번에 침례받은 중학생들은 대부분 모퉁이돌교회의 아지트 사역을 통해 예수님을 믿게 된 대표적인 사례들이었다.

처음에 이 학생들이 신앙을 목적으로 아지트를 찾은 것은 아니었다. 단순히 시간을 보내기 위해, 혹은 학원에 가기 전 잠시 쉬기 위해 아지트에 들렀다. 예수님을 믿지 않지만 교회가 좋았고, 아지트라는 공간이 편안했으며, 자신의 이야기를 들어주는 지킴이 선생님들이 좋았기에 자연스럽게 아지트에 놀러 오게 되었다. 그렇게 함께 놀고 이야기를 나누는 과정에서 아이들은 점차 하나님을 알게 되었고, 예수님을 믿게 되었으며, 마침내 자신의 신앙을 고백하게 되었다. 그리고 이번 2024년 침례식에 참여하게 된 것이다.

이같은 과정을 통해 모퉁이돌교회의 아지트 사역에 대해서 다음과 같은 중요한 사실을 다시금 확인하게 된다. 학생들을 전도하기 위해서는 먼저 만나고, 함께 시간을 보내며, 관계를 형성해야 한다는 것이다. 아이들은 함께 먹고 교제하는 시간을 통해 마음의 문이 열린다. 물론 마음을 연다고 해서 곧바로 예배와 교회 공동체로 연결되는 것은 아니다. 그런데도 이번에 침례받는 학생들 대부분이 아지트 사역을 통해 하나님을 믿게 되고 신앙이 성장하였다는 사실은, 관계를 쌓고 함께 보내는 시간이 얼마나 중요한지를 분명히 보여준다.

돌이켜보면 1990년대 교회의 모습이 그러했다. 마땅한 놀이가 없던 시절, 아이들은 자연스럽게 교회로 모여들었고, 교회는 언제나

교회 주차장에서 침례받는 4명의 중학생과 6명의 청년

재미있고 따뜻한 공간이었다. 교회에 가면 먹을 것이 있었고, 즐거운 시간을 보낼 수 있었다. 그렇게 교회에 드나들며 예수님을 알게 되고, 믿게 되었다. 오늘날 '교회에서 논다'라는 표현에 대해 부정적인 시선이 있을 수 있지만, 교회 부흥의 초기 역시 교회에서 만나고 관계를 맺음으로 시작하게 되었음을 기억하게 된다. 아지트에 놀러 와 예수님을 만나고 신앙을 고백하게 된 다음세대들을 진심으로 축복한다.

한편 이번 침례식에는 장로교단에서 신앙생활을 해 왔으나 침례교 신학에 동의하고, 모퉁이돌교회와 함께 걸어가기를 결단하고, 개인의 신앙고백을 다시 함으로 침례받는 청년 성도 6명도 함께 참여하였다. 이들은 모퉁이돌교회에서 하나님을 인격적으로 경험하며 참된 교회를 소망하게 되었고, 침례교 신앙을 배우고 인정하는 과정을 거치면서, 침례를 통해 교회 멤버십을 확인하며 공동체와 함께 나아가기를 소망하게 되었다고 고백하였다.

이번 침례식은 다음세대와 청년세대 모두에게 하나님께서 어떻게 신앙을 자라게 하시고 교회를 세워 가시는지를 분명히 보여 주는 은혜의 자리였다.

## | 침례식 : 하영이의 고백 |

하나님 안녕하세요, 저 하영이에요. 모태신앙으로 태어나 하나님과 25년을 걸어왔지만 이렇게 침례를 받는 것도, 하나님께 편지를 쓰는 것도, 모든 게 처음이라 어색하기도 하고 떨리기도 하네요. 무슨 말부터 적어야 할지 고민했는데, 우선은 구세군에서 사역하시는 부모님 아래에서 자라 다른 교단의 아무런 연고도 없는 교회로 오는 게 걱정되기도 했지만, 그런 염려가 무색하게 교회에 잘 적응하고 성도가 되고 이렇게 침례까지 받을 수 있도록 꾸준히 하나님 안에서 살아가는 길로 이끌어 주셔서 감사하다는 생각이 가장 먼저 들었어요.

하나님, 저는 사실 모퉁이돌교회에 다닌 지 4년이 되어 가지만, 침례를 왜 받아야 하는지도 잘 몰랐고, 굳이 받아야 하는지 필요성도 모른다고 느꼈어요. 그런데 지금 와서 생각해 보면 저는 정말 몰랐던 것도 맞지만, 결심할 용기가 없었던 것 같기도 해요. 사실 하나님의 일을 하는 부모님을 보면서 세상과의 타협 없이 똑바로 하나님을 믿으며 살아가는 게 너무 미련하고 힘들다고 느껴졌거든요. 내게 조금이라도 부담될 것 같으면 무조건 피하고 도망가려는 겁쟁이 같은 저를 모퉁이돌교회에 보내서서 잘 훈련받고 천천히 배우고, 침례를 왜 받아야 하는지도 알아갈 수 있는 시간을 주신 것 또한 감사해요.

2025년 침례식

하지만 하나님도 아시다시피 여전히 연약한 저는 사실 침례를 받는 날이 다가올수록 무서운 마음이 더 커졌어요. 마침 오늘(8월 30일)은 하나님이 저를 세상에 보내신 날, 저의 생일이잖아요. 왠지 더 많은 의미를 부여하게 되고, 정말 이전까지의 저를 잊고 다시 태어나야 할 것 같은 부담감과 상반되게 요즘의 저는 점점 지쳐가고 시힘도 많이 들고 힘을 낼 힘조차 남지 않아, 솔직히 '괜히 받는다고 했나?' 하고 속으로 후회도 많이 했어요. 아직도 저는 세상의 유혹에 매번 흔들리고, 그렇기에 제 신앙을 선언하기가 무서웠거든요. 제가 제 믿음을 책임지지 못할 것만 같다는 생각이 저를 너무 힘들게 했어요.

그래도 하나님, 이처럼 비겁하고 연약한 저를 이 자리로 다시 이끌어 주신 게 하나님이라는 것을 믿어요. 제가 하나님께 종종 기도 드렸잖아요. 오히려 제가 가장 힘들 때 하나님을 더 찬양하는 사람이 되게 해달라고. 그 고백과 결심이 빈말이 되지 않도록 다시 일어날 수 있게 도와주세요.

졸업, 취업, 가족, 돈, 사람, 모든 면에서 제가 힘들어하고 있는 거 하나님께서 전부 아신다고 믿어요. 하지만 그렇기에 더더욱 이러한 상황에서 제가 하나님께 제 신앙을 고백하고 하나님과 관계있는 삶, 진정한 크리스천으로 살아가겠다는 결심으로 새로 태어날 수 있는 용기와 힘을 주세요. 침례 교육을 받으면서도 고백했던 내용이지만, 가장 진심으로 적은 말이기에 다시 한번 소리 내어 말씀드리고 싶어요.

하나님, 모퉁이돌교회는 하나님의 종이신 엄마의 소개로 오게 된 교회이지만, 동시에 제 결심으로 남은 첫 교회이기도 해요. 처음으로 주체적인 신앙을 갖게 된 교회이기도 하고, 처음으로 성도들과 교제하게 된 교회이기도 해요. 전적으로 하나님의 인도하심이 아니었다면 서로 존재조차도 모르고 살아갔을 공동체와 함께 걸어가고 있는 것이 늘 감사이며 은혜인 것을 알아요. 아직도 어떤 순간들엔 조금 버겁고 혼자 많이 뒤처진다는 생각이 들어 힘들 때도 있지만, 그래도 같은 하나님을 바라보며 걸어가는 공동체가 있기에 다시 일어날 수 있을 것 같아요. 내가 지금까지 살아온 인생의 전환점이자 앞으로 살아갈 인생의 이정표가 되어 준 공동체인 모퉁이돌교회로 인도해 주셔서 감사해요.

아직 너무나도 부족한 저지만, 이 시간 이렇게 하나님께 나아가오니 제 앞으로의 삶을 저의 이름대로 하나님께 영광 돌리는 데에 더 사용해 주시길 바라요. 하영 드림.



하나님 안녕하세요. 재익이입니다. 이렇게 하나님께 편지를 쓰기는 처음이네요. 편지를 쓴다는 것은 저에게는 왠지 모르게 부끄러운 마음이 들기도 하고 표현이 부족할 수도 있지만, 그래도 진심을 담아 썼으니 제 마음을 아실 것이라 믿습니다.

하나님, 전 예전부터 잘 이해되지 않는 성경 말씀이 있습니다. 바로 요한복음 14장 6절 말씀인데요. "예수께서 이르시되 내가 곧 길이요 진리요 생명이니 나로 말미암지 않고는 아버지께로 올 자가 없느니라"라는 이 말씀이 머리로는 이해됐으나 제 마음속 깊은 곳에서는 이해되지 않았습니다. 저는 원체 의심과 생각이 많고, 무엇보다 저 자신이 우선순위였기에 하나님을 알게 되면서도 하나님의 말씀은 제게 불편하게 다가왔습니다. 그래서 교회가 좋을 때도 있었지만, 나가려고 마음먹은 적도 있었고 실제로 나가려고 했을 때 하나님께선 하나님의 방법으로 저를 이 자리에 남아 있게 하셨습니다. 그럼에도 저는 저를 우선으로 생각하며 살아갔고 2023년 10월의 마지막 날, 저로서는 다시 떠올리기도 힘든 그날에 돌이킬 수 없는 큰 아픔을 주셨습니다.

그날 이후로 이전과 같은 일상을 누리는 것이 어려워졌고, 하루하루를 불안 속에 살아야 했습니다. 몸도 마음도 무너지고 집에서도 밖에서도 힘든 티를 내지 못해 혼자 방에서 울며 절망 속을 허우적댔습니다. 중간중간 호전될 때도 있었지만 언제 좋아졌냐는 듯이 다시 나빠질 때도 많았고 더 심해질 때도 있었습니다. 이 상황을 해결해 달라고 기도하고 기도하기를 반복했지만, 하나님께선 들어주시지 않으셨고 그렇게 절망이라는 늪에 깊숙이 빠져들고 있었습니다.

그러던 어느 날 어머니와 산책을 나가게 됐는데 함께 걷던 중에 어머니가 "하나님께서 정말 살아계신다면 왜 너를 아프게 할까?"라고 말씀하셨습니다. 그 말을 들은 저는 바로 대답하지 못했습니다. 지금 상황이 너무 힘들어서 '그러게, 왜 나를 이렇게 아프게 하시지?'라는 생각이 바로 들었으니까요. 그러나 하나님께서 제 마음을 움직이셔서 제 입술로 "그리 아니하실지라도 난 하나님을 따를 거야"라고 고백하게 하셨습니다. 그 이후로 어머니가 하나님을 믿게 되셨습니다. 또, 제 아픔 때문에 대학병원을 다니면서 절 진료하신 교수님들이 공통적으로 "기적이다", "하늘에 감사하며 살아야 한다"라는 말씀을 해주셨습니다.

참 아이러니하죠. 물론 정말 좋은 일이고 감사한 일이지만, 정작 제 상황은 나아지지 않았고 여전히 힘들고 답답한 건 똑같았습니다. 그때 제 마음에 한 생각이 들었습니다. '제 삶에 있어서 하나님을 정말 1순위로 생각한 적이 있었나?'란 생각이었습니다. 그런데 한 번도 없더라고요. 그제야 하나님께선 제가 저 자신이 아닌 하나님을 더 의지하고 더 나아가 감사하길 바라신다는 확신이 들었습니다. 그렇게 하나님께서는 저를 회개하게 하시고 다시 하나님께로 나아갈 수 있도록 하셨습니다. 물론 저는 여전히 한치 앞을 알 수 없는 망망대해에 있습니다. 그래도 이젠 물속에 잠겨 허우적거리지 않고 조잡한 뗏목 위에 걸터앉아 있습니다.

비록 지금은 조잡한 뗏목이지만, 나중에는 튼튼한 나룻배가 될 것이라 믿고, 그렇게 되도록 최선을 다해 살아야 할 겁니다. 만에 하나 뗏목이 망가져서 다시 물속에서 허우적거리는 상황이 오더라도 감사할 줄 아는 제가 되었으면 좋겠습니다. 이제는 요한복음 14장 6절의 말씀을 조금이나마 이해할 수 있을 것 같습니다. "예수께서 이르시되 내가 곧 길이요 진리요 생명이니 나로 말미암지 않고는 아버지께로 올 자가 없느니라." 예수님께서 흘린 피로 이렇게 죄인인 제가 하나님께로 나아갈 수 있음에 감사합니다. 마지막으로 하나님께 고백하고 마칩니다. 이 땅에 태어나 살아가고 후에 주님 품으로 돌아가는 그날까지 언제나 언제까지나 사랑합니다. 주님만 영광 받으소서. 아멘.

침례받은 하영이와 재익이

# 4. 주의 만찬, 모퉁이돌의 정체성

　주의 만찬은 침례교단에서 사용하는 성찬식의 명칭이다. 주의 만찬의 성경적 근거는 고린도전서 11장 17~34절에 기록되어 있다. 이는 예수 그리스도께서 잡히시기 전날 밤에 제자들과 마지막 만찬을 나누시며 제자들에게 "이것을 행하여 나를 기념하라"(고전 11:24)라고 명하신 것에서 기원한다. 주의 만찬은 예수 그리스도께서 인류의 죄를 대속하시기 위하여 골고다 십자가에 달려 몸이 찢기시고 피를 흘리신 구속의 사건을 기념하는 예식이다.

　모퉁이돌교회는 침례교의 신학에 동의하며 속한 교회이기에, 고린도전서 11장에 기록된 성경적 용어를 그대로 사용하도록 제정된 대로 타 교단에서 성찬식이라 부르는 예식을 '주의 만찬'이라 칭한다. 모퉁이돌교회에서 시행하는 주의 만찬은 침례 받은 자들이 참여하며, 부활절과 성탄절, 연 2회 시행된다.

　주의 만찬 참여 대상은 모퉁이돌교회의 성도 자격을 가진 자 중에서 침례받은 자들로 제한한다. 다만 침례받은 자라면, 모퉁이돌교회에 소속된 성도가 아닌 예배자도 주의 만찬에 참여할 수 있도록 한다. 하지만 타 교단에서 세례받고 모퉁이돌교회의 성도가 된 경우에는 교단적 입장과 교회 멤버십에 대한 오해가 없도록 충분히 설명한 후, 다음 침례식 때는 침례를 받을 수 있도록 권면한다.

모퉁이돌교회의 주의 만찬 모습

이러한 원칙은 고린도전서 11장 28~29절에 근거한다. 사도 바울은 "사람이 자기를 살피고 그 후에야 이 떡을 먹고 이 잔을 마실지니 주의 몸을 분별하지 못하고 먹고 마시는 자는 자기의 죄를 먹고 마시는 것이니라"라고 말한다." 이는 주의 만찬에 참여하기 위해서는 자신을 스스로 성찰하고 자신의 신앙과 삶을 점검할 수 있어야 함을 의미한다. 따라서 교회는 성도들이 자기를 살피며 죄악 된 모습을 진실하게 회개하고 합당한 마음으로 주의 만찬에 참여할 수 있도록 돕는 책임을 가진다.

침례받는다는 것은 성도 개인의 신앙 고백에 대한 공적 표현이다. 비록 이전에 세례받은 성도라 할지라도, 모퉁이돌교회에서 신앙 교육을 받고 자신의 신앙을 다시 점검하여 예수 그리스도를 구주로 고백하는 자라면, 그 신앙의 증거로 침례받을 수 있다고 생각한다. 이에 따라 모퉁이돌교회는 중학생 이상의 성도 가운데 자신의 신앙을 분명히 고백하는 믿음이 있다면 침례받을 수 있고, 주의 만찬에도 참여할 수 있다.

# 5. 교회 이전을 통해 또 한 단계 성장하는 아이들

## | 두 번째 이사, 이전 감사예배를 드리다 |

교회를 이전하며 가장 깊이 감사를 느꼈던 순간은 모퉁이돌교회 이전 감사예배 시간이었다. 2014년 교회를 개척하던 당시 모퉁이돌 교회는 다섯 평 남짓한 작은 공간에서, 그것도 목사가 아닌 전도사가 인도하는 교회로 시작되었다. 이러한 출발은 믿지 않는 가족들의 시선으로 볼 때 충분한 신뢰를 주기에는 매우 부족해 보였을 것이다. 그러나 9년의 세월을 지나면서 학생이었던 성도들은 청년으로 성장했고, 성도들 대부분이 신앙 1세대로서 가족의 시선을 의식하며 교회를 다녔음에도 불구하고 교회 안에서뿐 아니라 가정 안에서도 성실하게 신앙과 삶을 지켜 왔다.

교회와 가정에서 성실하게 살아온 그 삶의 흔적들이 하나의 신뢰로 쌓였고, 그 결과 처음에는 교회에 대해 부정적인 태도를 보이던 가족들조차도 다섯 평 교회가 성장하여 이전 감사예배를 드리게 되었다는 소식에 기쁨으로 축하해 주었다. 우리는 기쁨으로 이전 감사예배를 준비하며, 기대하는 마음으로 가족들을 초청하였고, 그 초청에 많은 가족이 응답해 주었다. 그날 이전한 문화동 교회 예배실은 성도들과 성도들의 가족과 지인들로 가득 찼다. 그 광경은 말로 다 표현할 수 없는 감격의 순간이었다.

그날의 예배는 모퉁이돌교회 공동체가 함께 걸어온 시간과 하나님의 인도하심을 모두가 함께 목격하며 감사로 고백하는 은혜의 자리였다. 나는 모퉁이돌교회의 이름으로 학생 성도들과 함께 걸어온 10년의 세월이, 복음을 지식으로 설명하는 시간이라기보다 삶으로 증명하며 보여 준 시간이었다고 확신한다.

이전 감사예배를 통해 믿지 않는 부모와 가족들이 교회에 와서 함

이전 감사예배때 특송을 하는 교회 중직들

께 예배에 참여했다는 사실, 그리고 청년 성도들의 수고와 목사와 사모의 헌신을 알아주었다는 것만으로도 감사하기에 충 분했다. 그 날 우리는 함께 모여 예배드리며, 모퉁이돌교회를 지난 10년 동안 인도하신 하나님께 영광 올려 드릴 수 있었음에 깊이 감사했다.

이전 감사예배때 가득찬 성도 & 성도들의 가족들

## 첫 결혼과 집사 임직식

2023년 7월 모퉁이돌교회에는 처음으로 교회 커플이 탄생하였다. 그 주인공은 최민석 성도와 전예지 성도였다. 두 사람은 2020년 모퉁이돌교회에서 만나 교제를 시작하였다. 이들은 교회가 정한 연애규약에 따라 공식적으로 교제를 시작한 첫 커플이었으며, 교제의 전 과정에서 개인적인 감정보다 공동체를 먼저 생각하였다. 어떻게 하면 교회에 덕이 되고 모범이 될 수 있을지를 끊임없이 고민하며 신앙과 관계를 지켜 왔기에, 그들의 만남은 더욱 신중하고 조심스러울 수밖에 없었다.

두 사람은 예배와 공동체 안에서 최선을 다해 모든 성도에게 본이 되고자 애썼고, 그 결과 모퉁이돌교회 안에서 처음으로 결혼에 이르러 가정을 이루게 되었다. 이는 모퉁이돌교회 공동체가 다음세대를 향해 성숙해 가고 있음을 보여 주는 귀한 열매였다. 그리고 이 결혼식에는 여러 겹의 감사가 담겨 있었다.

첫째, 최민석 성도와 전예지 성도는 모두 신앙 1세대라는 점이다.

양가 부모님들은 아직 예수 그리스도를 믿지 않으셨지만, 감사하게도 나는 이 결혼식의 주례로 서게 되었고, 예식은 처음부터 끝까지 예배 형식으로 진행되었다. 약 10분간의 주례 말씀 시간은 단순한 축사가 아니라 말씀 선포의 시간이었으며, 결혼식장 안에 설교의 말씀이 분명하게 울려 퍼졌다. 나는 그 짧은 시간 동안 두 사람이 하나님 안에서 어떻게 만나게 되었는지, 그리고 어떤 믿음의 여정을 통해 오늘의 자리까지 이르게 되었는지를 증거하였다. 그 과정에서 많은 하객 앞에서 예수 그리스도의 복음을 선포할 수 있었음에 깊은 감사의 마음을 가졌다.

둘째, 최민석 성도 부모님의 고백이었다.

집사 임직식에 참석한 최민석 집사와 전예지 집사의 가족들

"목사님이 저희 민석이 사춘기 이후로는 다 키우셨죠. 오늘 이렇게 와 주시고 주례해 주셔서 정말 감사합니다."

비록 예수 그리스도를 아직 믿지는 않지만, 아들 최민석성도가 어떤 환경에서 자라 왔고 어떤 모습으로 신앙생활을 해 왔는지를 누구보다 가까이에서 지켜본 부모님의 진심 어린 고백이었다. 그 말을 들으며 나는 두 가정의 부모님이 아직 신앙을 고백하지는 않았을지라도 이미 복음의 열매를 보고 계시며, 머지않아 예수 그리스도를 영접하게 될 것이라는 확신을 갖게 되었다.

셋째, 미래를 향한 감사였다.

신앙 1세대인 두 사람이 하나님 안에서 만나 결혼에 이르게 된 이 사건은 장차 태어날 신앙 2세대를 자연스럽게 기대하게 하였다. 목회자 가정의 자녀들을 제외하면 모퉁이돌교회 안에서 태어난 온전한 신앙 2세대가 거의 없었기에, 최민석 성도와 전예지 성도의 만남과 결혼은 교회의 성장이 여기서 멈추지 않을 것임을 보여 주는 가장 분명한 표지였다. 이는 11년 전, 어린 성도들과 함께 교회를 개척하던 모퉁이돌교회를 바라보며 염려하던 많은 이들에게, 교회의 주인이 사람이 아니라 예수 그리스도이심을 다시 한번 증명하는 축제의 순간이기도 했다.

이렇게 하나님 안에서 한 가정을 이룬 신앙 1세대의 부부는 2024년 3월, 모퉁이돌교회에서 집사로 임명되었다. 집사 임명식에는 최민석 집사와 전예지 집사의 가족들이 모두 참석하여 함께 예배하며 축하해 주었다. 사랑하는 제자들이 약 10년의 세월을 성실히 걸어와 한 가정을 이루고, 그 가정을 통해 예수님을 믿지 않던 부모들의 감사와 인정의 고백이 흘러나왔으며, 더 나아가 온 가족의 축복 속에서 하나님 앞에 집사로 세워지는 이 모든 과정은 모퉁이돌교회 공동체에 큰 은혜의 시간이었고, 담임 목사인 나에게도 참으로 뜻깊은 순간이었다.

그래서 모퉁이돌교회는 다음세대를 포기하지 않는다. 비록 지금은 연약하고 어린 존재처럼 보일지라도, 그들을 자라게 하시고 세우실 분이 하나님이심을 믿기 때문이다. 우리는 눈앞에 보이는 어린 성도들의 모습만을 바라보지 않고, 그들 뒤에서 역사하시며 그들을 통해 일하실 하나님을 기대하며 오늘도 다음세대를 품고 걸어갈 것이다.

# 4

# 교회
# 위기와
# 극복

모퉁이돌교회에 찾아온 위기들은 교회를 멈추게 하기 위한 사건이 아니라, 믿음을 자라게 하기 위한 하나님의 초대였다. 위기의 순간마다 우리는 무엇을 붙들 것인지 선택해야 했고, 그 선택의 자리에서 하나님께서는 교회를 더 깊고 단단하게 세워 가셨다. 위기는 공동체를 무너뜨리지 않고 오히려 교회의 본질을 더욱 분명하게 하였으며, 교회는 아프지만 조금씩 성장해 나갔다.

이 장에 기록된 위기들은 극복담을 자랑하기 위함이 아니라, 위기 앞에서 교회가 어떤 태도를 가져야 하는지를 보여 주기 위한 증언이다. 하나님은 그 어떤 위기의 순간 속에서도 함께하셨고, 문제를 피하려 하기보다 하나님 앞으로 가지고 나아갔을 때, 갈등을 숨기기보다 공동체 안에서 정직하게 마주했을 때, 모퉁이돌교회는 매번 성장할 수 있었다.

# 1. 교회에 찾아온 위기는 믿음 성장의 기회

함께 개척에 참여한 맴버는 아니었지만, 내가 누구보다 깊이 믿고 의지했던 청년 성도가 있었다. 그러나 그 청년은 2020년 1월, 결국 교회를 떠났다. 그 이전에도 성도들이 교회를 떠난 적은 있었지만, 그 청년의 이탈은 나에게 유독 큰 충격과 아픔으로 남았다. 결론부터 말하자면, 그 일의 책임은 나의 리더십에 있었다. 그럼에도 당시의 나는 그 사실을 쉽게 인정하고 싶지 않았던 것 같다.

그 청년의 마음이 처음과 달라지고 있다는 사실이 이미 모든 중직의 눈에는 보이고 있었지만, 나는 그것을 받아들이지 않은 채 혼자서 다른 해석을 붙들고 있었던 것 같다. 어쩌면 현실보다 내가 믿고 싶은 모습을 더 믿고 있었는지도 모른다. 그러나 나의 바람과 달리 청년은 결국 중직들의 예상대로 교회를 떠났고, 그 사건은 나 자신을 돌아보게 했다.

사실 모퉁이돌교회를 개척한 이후 많은 사람이 교회를 찾았고 또 많은 사람이 교회를 떠났다. 돌이켜보면, 떠나는 과정이 온전히 아름답게 마무리된 경우는 거의 없었다. 청년도, 다음세대도, 그리고 사역자들 역시 대부분 좋지 않은 마무리 속에서 교회를 떠났다. 그들을 탓하고 싶은 마음은 없다. 처음 그들과 만났을 때만 해도 모든 것이 참 좋았기 때문이다. 힘든 시기에 교회가 위로가 되었다고 했고, 어려운 가운데 그늘이 되어 주는 교회를 사랑한다고 말하던 이들이었다. 그러나 시간이 흐르면서 어디에서 시작되었는지조차 알 수 없는 갈등이 생기고, 그 갈등은 점차 어려움으로 이어졌다. 결국 그들은 교회를 떠났고, 나는 그들을 붙잡지 못했다.

물론 불미스러운 일로 인해 불가피하게 누군가를 떠나보내야 했던 경우도 있었다. 그러나 대부분의 경우는 리더십의 문제였고, 모퉁이돌교회가 그들을 충분히 품어내지 못한 결과였다고 생각한다. 그리고 그 책임의 상당 부분은 목사인 나에게 있다. 사춘기를 지나며 마음이 변해 교회를 떠나는 다음세대 학생 성도들을 붙잡는 일은 쉽지 않았다. 교회 안에서 돌봄과 섬김을 받을 때는 감사해하던 청년들도, 나이가 들며 교회를 위한 책임을 져야 하는 위치에 이르자 그 부담을 견디지 못하고 떠나는 경우가 많았다. 그러나 이렇게 돌아보면, 결국 모든 것은 부족한 리더십의 문제였고, 더 사랑으로 돌보지 못한 나의 탓이며 우리의 책임이었다.

성도들이 떠나는 과정에는 많은 갈등이 있었고, 그로 인해 떠난 이들과 남은 이들 모두에게 깊은 상처를 남겼다. 그런데도 그 시간을 돌아보면, 하나님께서는 비록 지금은 떠났을지라도 그들이 머물던 시절의 헌신과 사랑을 통해 모퉁이돌교회의 부족한 부분을 채워 주셨다. 꼭 필요한 때에, 꼭 필요한 사람들을 보내 주셔서 교회를 이끌어 가게 하셨다. 비록 우리의 미성숙함으로 인해 지금은 함께하지 못하는 청년 성도들이 많지만, 전도사님들이 계시지 않았다면 아지트 사역을 시작하는 것조차 어려웠을 것이고, 청년들이 없었다면 40명이 넘는 유·초등부 아이들을 돌보는 일도 불가능했을 것이다. 그들의 헌신이 없었다면 모퉁이돌교회가 지금처럼 성장하는 일도 없었을 것이다. 그렇기에 그 시절, 교회를 함께 이끌어 왔던 청년들과 사역자들에게 진심으로 감사의 마음을 전하고 싶다.

이렇게 성도들은 각기 다양한 이유로 교회를 찾기도 하고, 또 여러 사정으로 교회를 떠나기도 한다. 그것이 목회자 리더십의 문제일 수도 있고, 교회 공동체의 한계에서 비롯된 일일 수도 있다. 그러나 분명한 사실은, 누군가의 교회 출석과 이탈을 누구도 억지로 막을 수는 없다는 것이다. 그러므로 우리는 교회를 찾아오는 이들을 언제나 기쁨으로 환대해야 하며, 만약 누군가가 교회를 떠나게 된다면 상처나 오해가 아닌 좋은 기억을 품고 떠날 수 있도록 성숙하게 배려하고 준비해야 할 책임이 있다.

코로나19로 모든 예배가 통제되기 시작했던 2020년 2월, 아내에게 암이 찾아왔다. 그것은 모퉁이돌교회에 큰 위기였다. 예배로 모이지 못하는 것도 교회에는 위기였지만 모퉁이돌교회 사모인 아내가 암에 걸려서 수술이 불가피한 상황은 더 큰 위기였다. 당시 믿고 신뢰했던 성도가 떠난 지 몇 주 만에 받은 암 판정이라 교회는 더욱더 혼란스러웠고 분주했다. 믿고 의지했던 성도가 떠난 것도 마음이 크게 힘들었는데, 아내인 유혜미 사모가 암 판정을 받고 보니 무엇보다 나 자신이 과연 목회에 전념할 수 있을지 걱정이 몰려오기 시작했다.

아내가 암을 판정받은 날은 금요일이었다. 병원에서 암 판정을 받은 후 정말 심란했지만, 금요 예배가 있어서 교회로 향해야만 했다. 사모인 아내의 암 소식으로 인하여 교회의 분위기도 여느 때와는 달리 조용하였다. 우리가 할 수 있는 것은 기도밖에 없었기에 모퉁이돌교회는 유혜미 사모를 위해서 기도하였다. 후에 판명된 아내의 정확한 병명은 유방암 2기였다. 문제는 암의 전이 여부였다. 유방암이 생기면 가장 먼저 림프샘에 전이가 된다고 하였는데, 수술하기 전까지는 절대로 알 수 없었던 상황이라서 계속해서 기도할 수밖에 없었다.

감사하게도 당시에는 전도사님들이 계셔서 주일예배를 맡기고,

입원한 아내를 곁에서 돌볼 수 있었다. 수술을 기다리는 6시간은 내 생애에서 가장 길고도 고통스러운 시간이었다. 이윽고 수술이 끝났다는 안내에 따라 보호자 대기실로 들어갔다. 수술실 문이 열리고 담당 의사가 밖으로 나왔다. 떨리는 마음으로 그의 눈을 응시하자, 그는 결과를 설명하려는 듯 마스크를 벗었다.

마스크를 벗는 의사의 얼굴을 본 순간 아내의 건강을 확신할 수 있었다. 그는 이미 미소를 짓고 있었기 때문이다. 그는 내게 "보호자님, 전이된 곳이 없습니다."라는 기쁜 소식을 전해 주었다. 그때의 감격은 지금도 생생하다. 얼마나 간절히 기도했는지 모른다. 전이가 없다는 의사의 표정 하나하나가 여전히 머릿속에 선명하게 남아 있다.

2025년 현재, 아내는 암 판정 이후 6차례의 항암 치료를 모두 이겨내고 마침내 완치 판정을 받았다. 수술 후 5년이 지난 지금까지 아무런 증상 없이 건강을 유지하고 있다. 회복한 아내는 이전보다 더 열정적으로 교육부장을 맡아 교회학교 교사들의 성경 공부를 지도하고 유·초등부 사역에 매진하고 있다. 그 모습이 참으로 감사하다. 수술 당시 나는 하나님께 이렇게 기도했었다. "하나님, 아내가 없으면 저는 사역을 이어갈 수 없습니다. 제발 아내를 살려 주십시오. 암이 전이되지 않게 해 주십시오." 그 간절한 기도를 들으시고 응답하신 하나님께 모든 영광을 돌린다.

이 규정은 다소 낯설게 느껴질 수 있다. 누군가는 "어떻게 교회 정관에 이런 조항이 있을 수 있는가?"라고 의아해하거나, "교회가 연애까지 통제해야 하는가?"라며 부정적인 반응을 보일 수도 있을 것이다. 이러한 우려를 충분히 이해한다.

그러나 청년과 청소년이 공동체의 대다수를 이루는 모퉁이돌교회의 특성을 고려할 때, 이 조항은 반드시 필요한 장치였다. 오히려 나는 교회가 인생의 중대사인 교제와 결혼에 관여하지 않으면서, 어떻게 그들을 전인격적으로 양육하며 신앙 안에서 살아가도록 도울 수 있는지 근본적인 의구심을 품게 된다. '연애 규정'이라는 표현이 생소할 뿐, 본질적으로 교회는 그리스도의 순결한 신부로 부름받은 공동체다. 성도들이 주님과 맺어야 할 거룩한 관계의 가치는 남녀 간의 연애 영역에서도 동일하게 반영되도록 가르치고 지도해야 한다고 나는 믿는다.

교회 연애 규약은 모퉁이돌교회가 보다 건강한 공동체로 세워지도록, 결혼 적령기에 이르기 전까지 교회 내 성도 간의 연애를 제한하는 규정이다. 개척 초기에는 많은 청년과 학생이 교회로 모여들었다. 남녀가 함께하는 공동체 안에서는 자연스럽게 서로에 대한 호감이 형성되기 마련이며, 교제 관계로 발전하는 일도 빈번했다. 연애 관계가 원만할 때는 교회 분위기가 밝아지고 공동체의 친밀도가 높아지는 듯 보였으나, 문제는 그 이후였다.

감정이 상하거나 관계가 틀어지는 사건이 발생할 때마다, 갈등의 중심에 선 청년들이 교회를 떠나는 모습이 반복되었다. 이러한 진통이 당사자들 사이에서만 마무리된다면 다행이겠지만, 실제로는 결코 개인 차원에 머물지 않았다. 특히 청년 공동체는 성도 간의 관계와 갈등에 매우 민감하다. 이별은 공동체 내의 편 가르기와 갈등 확산으로 이어졌고, 결국 교회 전체에 상처를 남기며 성도들의 이탈로 이어졌다. 성도 수가 많은 대형 교회도 이성 교제 후의 결별로 공동체가 흔들리곤 하는데, 모퉁이돌교회와 같은 개척 교회라면 그 상황은 더욱 치명적일 수밖에 없다.

모퉁이돌교회는 개척 후에 이러한 진통을 여러 번 겪으며 어려움을 당하자, 담임 목사보다 운영위원회와 성도들이 먼저 공동체의 건강성을 위해 연애 규약을 개정하자고 제안했다. 그리하여 마련된 방책은 이러했다. 공동체 내 교제는 허용하되, 책임감 있고 성숙한 관계를 위해 시기를 25세 이상으로 제한한 것이다. 또한, 교제를 시작할 때 책임감을 가지겠다는 증표로 각각 100만 원씩을 헌금하기로 했다. 이 규약은 사무 처리 회의에서 성도 중 단 한 명의 반대도 없이 만장일치로 통과되었다.

왜 하필 25세냐고 묻는다면, 그것이 모퉁이돌교회의 기준이기 때문이라고 답하겠다. 교회마다 성도들이 합의하는 적절한 기준이 있을 것이고, 우리 회원들은 25세가 적당하다는 데 의견을 모았다. 누군가는 남녀가 사귀는 데 왜 교회에 100만 원을 내야 하는지 도무지 이해할 수 없다고 할 것이다. 심지어 목사가 청년들의 돈을 갈취하기 위해 별별 수단을 다 동원한다는 오해를 살 수도 있을 것이다. 누구에게는 100만 원이 그리 크지 않을지 모르나, 당시 나를 포함한 성도들에게는 매우 큰 금액이었다. 그런 액수를 기꺼이 헌금한다는 것은, 두 사람의 사귐을 신중하게 결정했음을 증명할 뿐만 아니라 하나님과 교회 앞에서 부끄럽지 않게 최선을 다하겠다는 약속의 표였다.

그럼 사귀다가 헤어졌는데 공동체에 남으려면 어떻게 해야 할까? 서로 간에 어색하게 힘들겠지만, 공동체를 사랑하는 마음으로 교회에 남기 위해서는 책임 있는 결단의 증표로 100만 원을 헌금해야 한다. 왜 이런 일에 다시 헌금을 해야 하는지 이상하게 생각하거나, 연애나 실연에 벌금을 부과하는 것이 교회가 할 일인지 의문을 가질 수도 있을 것이다. 그러나 이 규정은 기본적으로 충동적인 이별을 예방하기 위한 장치다. 교제를 시작할 때 하는 헌금과 달리 이번 것은 경고와 책임의 의미를 담아 헤어짐을 예방하려는 것이다.

청년들은 어른들에 비해 충동적이고, 관계를 맺고 유지하는 데 아직 서툴다. 마음의 진정성과는 달리, 관계를 이어 가거나 갈등을 건강하게 해결해 나갈 지혜와 경험이 부족하여 의도하지 않는 방향으로 상황이 전개되기도 하고, 그 결과 충동적인 이별로 이어지는 경우도 적지 않다. 이러한 관점에서 100만 원의 벌금 규정은 청년들이 감정에 휘둘리기보다 이성을 회복하여 신중하게 행동하도록 돕는 데 생각보다 효과적인 장치로 작용하고 있다.

이러한 연애 규정을 통해 교회를 보호하고자 하는 성도들의 마음에 목사로서 감사함을 느낀다. 이는 교회 공동체의 일원으로서 적지 않은 대가를 기꺼이 감수하고, 어떤 상황에서도 교회를 우선에 두고 행동하겠다는 그들 나름의 결단과 헌신의 표현이기 때문이다. 그래서 그 마음과 태도가 참으로 기특하게 여겨진다. 이러한 규정을 만약에 다른 교회에서도 도입하고자 한다면, 금액이나 세부 내용은 각 교회의 문화와 구성원의 정서에 맞추어 유연하게 적용할 수 있을 것이다.

모퉁이돌교회처럼 청년과 청소년이 다수를 차지하는 공동체에서, 교육과 예방을 위한 규정이 없어 교회가 무너진 사례를 여러 차례 보아 왔다. 모퉁이돌교회 역시 과거에 이러한 문제로 큰 어려움을 겪은 경험이 있었다. 본 규정은 담임목사 개인의 판단으로 제정된 것이 아니다. 청년들의 적극적인 건의와 수정 과정을 거쳐 사무 처리회에서 공정한 절차에 따라 논의되고 최종적으로 통과되었음을 밝힌다.

모퉁이돌교회가 겪었던 가장 큰 위기 중 하나는 반복적으로 제기된 이단 시비였다. 장년 성도가 거의 없고 아이들 중심의 공동체였던 데다 공간마저 매우 협소하다 보니, 외부의 시선에는 폐쇄적인 공동체로 비췄나 보다. 그로 인해 크고 작은 소문과 오해가 끊이지 않았고, 개척 초기부터 지역 사회 내에서 이단이라는 근거없는 비난에 시달려야 했다.

첫 번째 이단 시비는 그 이유 자체가 매우 당황했다. 불과 다섯 평 남짓한 공간에 아이들 30명이 모여 예배드린다는 사실이 문제로 제기되었는데, 무엇보다 당시 내가 목사가 아닌 전도사 신분이었다는 점이 오해의 중심에 있었다. 교회에 대해 잘 알지 못하는 이들에게는 전도사가 교회를 개척했다는 사실과, 그것도 교회답지 않아 보이는 작은 공간에서 사역을 시작했다는 사실이 이해되지 않았던 모양이다. 그로 인해 천안 신부동 일대에는 모퉁이돌교회가 이단이라는 소문이 퍼지게 되었다.

두 번째 이단 시비는 성황동 시절에 일어났다. 이유는 교회에 십자가가 없다는 것이었다. 당시에도 지금과 마찬가지로 모퉁이돌교회는 상가교회였고, 임의로 건물 외벽이나 내부에 십자가를 설치할 수 없는 상황이었다. 그러나 이러한 사정은 고려되지 않았다.

그 무렵 모퉁이돌 아지트에 드나들던 일부 학생들이 반복적인 무질서로 인해 출입 제한을 당하자, 이에 반감을 품고 "십자가가 없는 교회는 이단이다"라는 소문을 퍼트렸다. 지금에 와서는 황당한 이야기지만, 당시 모퉁이돌교회 성도들이 다니던 초등학교와 중학교를 중심으로 이러한 소문은 빠르게 확산되었다.

세 번째 이단 시비 역시 성황동 시절의 아지트 사역과 관련되어 있었다. 모퉁이돌교회의 사역이 사람들이 일반적으로 기대하는 교회의 사역과는 다르게 보였기 때문이다. 당시 아지트에는 30명이 넘는 아이들이 모였고, 인근 초등학교 중 한 곳에서는 아지트 출입 금지 조치가 내려지기도 했다. 그 배경에는 "어떤 교회가 아무런 조건 없이 학생들에게 간식과 편의를 제공한다"라는 소문과 함께, 세상에 이유 없이 그렇게 하는 곳은 없다는 의심이 더해졌다. 결국 한 담임교사가 종례 시간에, 모퉁이돌교회는 이단 사이비 단체가 운영하는 곳일 수도 있으니 출입하지 말라고 경고했다는 소식까지 듣게 되었다.

이처럼 모퉁이돌교회는 크고 작은 오해와 소문 속에서 오랜 시간 어려움을 겪어야 했다. 이러한 시비들은 교회를 세워 가는 과정에서 큰 부담이 되었고, 공동체를 지치게 만들기도 했다. 그러나 문화동으로 이전한 이후에는 지역 사회 안에서 아이들을 진심으로 돌보는 교회, 건강한 공동체라는 인식이 점차 자리 잡게 되었고, 이단이나 사이비라는 소문에서도 어느 정도 벗어나게 되었다.

아지트 사역을 시작한 지 어느덧 많은 시간이 흘렀다. 우리는 그 자리에서 변함없이 아이들을 사랑하며 섬겨 왔을 뿐이다. 그 결과 아지트는 지역 안에서 좋은 영향력을 끼치는 공간이자, 아이들에게는 안전한 쉼터가 되었으며, 동시에 복음이 전해지는 통로로 쓰임받고 있다. 이러한 과정을 통해, 하나님께서 오해와 어려움 속에서도 교회를 지켜 주시며 사역을 이어가게 하셨음을 고백하게 된다.

정기적으로 조믿음 목사님을 모시고 이단 교육을 시행하는 모퉁이돌교회

처음 이러한 이단 시비가 있었을 때는 많이 당황하여 대처하기가 어려웠던 것이 사실이다. 모퉁이돌교회 개척 초기부터 성도들에게 꾸준히 이단 예방 교육을 해 왔기에, 외부 사람들을 통해서 이단이라는 소문이 났을 때도 성도들은 크게 동요하지 않았다. 하지만 나

는 특별히 이단 문제를 해결하기 위해서 더 체계적인 교육이 필요하다고 생각하였기에 1년에 두 번씩 바른미디어 대표 조민음 목사님을 초청해 이단 예방 교육을 시행하고 있다.

이러한 교육은 성도들로 하여금 교회를 더 사랑하게 하고, 성경을 바르게 알고자 하는 갈망을 키워 주는 계기가 되었다. 이는 매주 진행되는 성경 공부로 자연스럽게 이어졌으며, 결과적으로 공동체의 신앙을 더욱 견고하게 세우는 열매로 나타나고 있다.

## | 교회의 위기는 체력고갈로 시작 된다 |

"수고하고 무거운 짐 진 자들아 다 내게로 오라 내가 너희를 쉬게 하리라."

(마11:28)

성도들은 나이에 상관없이 모두 피곤하다. 학생은 학생대로, 직장인은 직장인대로, 부모는 부모대로 각자의 삶이 너무 바쁘다. 그런데 주일이 되면 교회 사역으로 인해 육체와 정신은 더욱 피곤해진다. 이 피로가 누적되고 적절히 회복되지 못할 경우, 그것은 곧 신앙의 위기로 이어질 수 있다. 그래서 나는 주일 하루만큼은 성도들이 온전히 쉬고 회복하는 날이 되기를 바랐다. 그렇다고 아무것도 하지 않는 쉼을 말하는 것은 아니다. 예배하고 찬양하며, 주 안에서 영육의 회복을 누리는 참된 안식이 필요하다고 생각했다.

처음 사역하던 시절이 떠오른다. 내가 처음 사역했던 교회는 작은 교회가 아니었기에 해야 할 일도 많았고 늘 바빴다. 그 당시에는 아침 일찍 교회에 나가 늦은 밤까지 사역하는 것을 당연하게 여겼다. 교회의 규모가 크고, 사역이 많았던 만큼, 사역자로서 감당해야 할 책임도 막중했다. 그러나 그렇게 3년을 쉼 없이 달리다 보니 마음 깊은 곳에서부터 쉬고 싶다는 갈망이 쌓여 갔다.

무리한 사역은 육체적으로도 정신적으로도 나를 지치게 했다. 그럼에도 그 가운데서도 하나님이 주시는 기쁨을 놓치지 않기 위해 마음을 굳게 붙들며 버틸 수 있었다. 그러나 온전히 쉬어야 할 날에도 쉬지 못하는 시간이 이어질 때면 마음에 불만이 올라오기도 했다. 어렸고 젊었기에 묵묵히 순종하며 달려왔지만, 늘 피로에 지쳐 있었다. 몸이 힘들다 보니 말씀에 온전히 집중하기도 어려웠고, 관계마저 부담으로 느껴질 때가 있었다. 사역에 집중해야 했지만, 집중하는 것 자체가 버거워졌다. 그때 마음속에 분명히 새긴 다짐이 하나 있었다. "개척하게 된다면 성도들을 온전히 쉬게 하는 교회를 세우자"라는 것이었다.

그래서 모퉁이돌교회는 공휴일에는 그 어떤 교회 행사도 진행하지 않는다. 휴일에는 교회보다 가정에 집중하도록 분명히 가르치고 있다. 모퉁이돌교회에는 신앙 1세대 성도들이 많다. 주일에도 하루

종일 교회에 머무는 모습이 익숙하지만, 평소에도 교회에만 머문다면 믿지 않는 가족들은 이해하기 어려울 수 있다. 그래서 휴일만큼은 가정에서 보내도록 권면한다. 그날은 가정의 선교사가 되어 가족과 시간을 보내고, 가정 안에서 복음을 전하는 날임을 분명히 알려 준다. 교회와 가정은 경쟁 관계가 아니라 반드시 균형을 이루어야 할 영역이다. 그렇기에 모퉁이돌교회는 공휴일, 이른바 '빨간날'에는 아무런 교회 일정도 잡지 않는다.

모퉁이돌교회는 다음세대와 함께 개척한 교회다. 11년이 지난 지금, 함께 자라온 다음세대는 어엿한 청년이 되어 교사로 헌신하고 있다. 그들 역시 각자의 삶은 바쁘고 피곤하다. 그러나 교회에 오면 유독 밝아진다. 모든 예배와 일정을 마친 뒤에도 저녁까지 함께 시간을 보내고 귀가하는 청년들이 적지 않다. 누가 강요해서가 아니다. 예배를 드리고 잠시 쉬고, 함께 식사하며 이야기를 나누고, 찬양과 교제 속에서 스트레스를 풀며 진정한 쉼을 경험하기 때문이다.

모퉁이돌교회를 찾는 모든 성도와 예배자들이 이와 같은 쉼을 누리기를 바란다. 예배로 회복되고 관계 안에서 쉼을 덧입는 교회, 외형만 성장하는 교회가 아니라, 예배와 교제 속에서 영적으로 자라나는 교회가 되기를 기도한다. 더 나아가 교회를 사랑하는 만큼 가정도 사랑하고, 자신의 시간 또한 의미 있게 누릴 수 있는 성도가 되기를 바란다. 그렇게 주일을 보내고 집으로 돌아가는 성도들의 뒷모습

을 바라보며, 나는 다시 한 주를 살아갈 그들의 삶을 진심으로 응원
한다.

## | CCTV를 설치하다 |

2018년 개척 6년 차에 접어들었을 무렵, 모퉁이돌교회는 예상보
다 빠른 부흥을 경험하게 되었다. 청년들과 학생들이 하나둘씩 교회
로 모여들기 시작했고, 어느새 예배당에는 앉을 자리가 부족할 만큼
성도들의 발걸음이 이어졌다. 예배가 끝난 후에도 성도들이 편히 쉬
거나 교제할 공간, 그리고 성경 공부를 할 수 있는 장소가 부족할 정
도로 교회는 빠르게 성장하고 있었다.

많은 이들이 이 상황을 '부흥'이라 부르며 기뻐하고 있었지만, 담
임목사이자 교회의 리더인 내 마음에는 또 다른 고민이 자리잡고 있
었다. 그것은 "교회는 어떤 공간보다도 안전해야 한다"라는 책임감
이었다. 혹시라도 사역자의 성적인 무너짐이 발생하지 않도록 예방
하고, 성도 간의 불필요한 오해와 갈등을 최소화하기 위한 장치가
필요하다고 느꼈다. 그러한 고민 끝에 운영위원회와 함께 교회 내
CCTV 설치를 결정하게 되었다. 더 나아가, 교회 안에서 문제가 발생
하면 CCTV 녹화본을 성도 모두에게 투명하게 공개할 수 있도록 정
관을 개정하였다. 이는 감시를 위한 선택이 아니라, 서로를 보호하

CCTV로 본 모퉁이돌교회의 주일예배 후 정리 모습

고 신뢰를 지키기 위한 공동체적 결단이었다.

이러한 CCTV 설치 결정에 대해 불편함을 느끼거나 어려워하는 성도들도 분명 있었다. 공동체 안에 '감시'라는 오해가 생길 수 있다는 우려 역시 적지 않았다. 그러나 얼마 지나지 않아 우리가 가장 염려하던 상황이 실제로 발생했다. 성도 간의 불화가 일어났고, 그 과정에서 사실관계를 명확히 해야 할 필요가 생겼다. 그때 설치된 CCTV는 누군가를 책망하고 판단하기 위한 도구가 아니라, 불미스러운 일을 객관적으로 확인하고 갈등을 조정하는 중요한 역할을 했다. 그 결과 교회는 더 큰 상처 없이 공동체를 지켜 낼 수 있었고, CCTV의 설치는 교회에 큰 도움이 되었다.

현재 모퉁이돌교회는 성황동 30평 공간을 떠나 문화동 106평 공간으로 이전해 왔다. 성황동에 있을 당시에는 CCTV가 3대에 불과했지만, 현재 화장실과 유아실(모유 수유를 위한 공간)을 제외한 모든 공간에 총 10대의 CCTV를 설치하고 있다. 이 모든 결정에는 '통제'가 아닌 '보호'라는 분명한 목적이 있다. 사역자를 보호하고 성도를 보호하며, 무엇보다 교회를 안전한 공동체로 세우기 위함이다. 교회는 누구에게나 열려 있어야 하지만, 동시에 모두가 안전해야 할 공간이기 때문이다.

# 2. 모퉁이돌교회 주보는 우리의 역사다.

2014년 11월 9일, 모퉁이돌교회가 첫 발을 내디뎠다. 다섯 평 남짓한 작은 공간에서 장년 성도 한 명 없이 학생들과 함께 시작한 아주 작은 교회였다. 하나님의 은혜로 교회는 세워졌지만, 한 주 한 주를 살아낸다는 것은 결코 쉽지 않은 일이었다. 교회가 문을 닫지 않도록 버텨 내는 일은 담임목사와 사모에게 주어진 분명한 책임이었다. 그래서 우리는 더욱 열심히 복음을 가르쳤고, 성도들이 신앙으로 살아가기를 기도했다. 그렇게 시작된 모퉁이돌교회의 첫 예배는 은혜 그 자체였고, 첫 예배를 무사히 마친 우리는 감사한 마음을 담아 함께 사진을 찍었다. 사진을 찍은 후, 성도들에게 한 가지 제안을 했다.

"우리 매주 사진을 찍어 기록으로 남기자. 이렇게 100번만 함께 예배드려 보자!"

당시 담임 전도사였던 내 마음속에는 염려가 있었지만, 아이들은 그런 마음을 아는지 모르는지 흔쾌히 "좋아요!"라고 답했다. 그날 이후 우리는 매주 예배가 끝나면 함께 사진을 찍었고, 그 사진을 주보의 표지로 사용하기 시작했다. 사실 주보는 교회의 모습을 가장 잘 보여 주는 전도지다. 그러나 대부분 한 주가 지나면 쉽게 버려지곤 한다. 주보를 조금 더 특별하게 만들고 싶다는 마음에서 시작한 사진 한 장은, 시간이 지나면서 주보의 의미를 바꾸어 놓았다. 처음에는 예배 후 단체 사진을 실었지만, 점차 심방과 선교, 수련회, 결혼, 교회 행사 등 그 주에 있었던 역사가 기록되었고, 이제는 주보만 보아도 그 한 주의 교회 이야기를 알 수 있을 만큼 소중한 기록유산이 되었다.

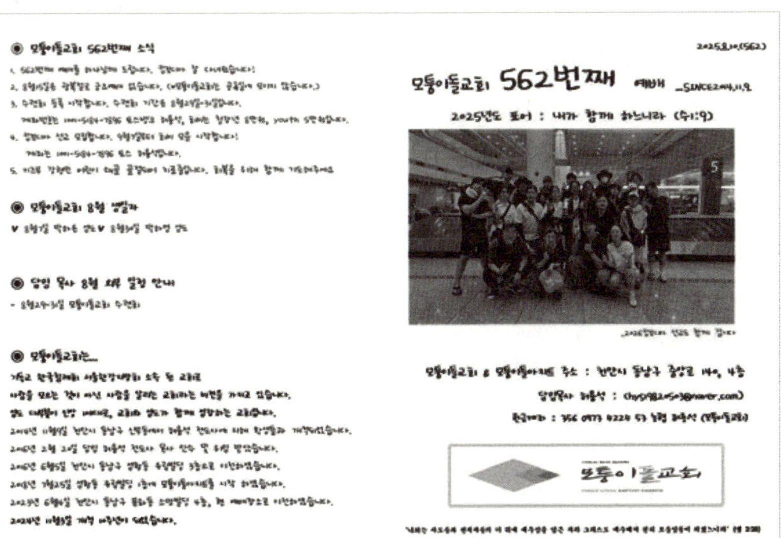

모퉁이돌교회 주보 1면

2014년부터 2025년까지, 우리는 함께 581번의 예배를 드렸다 (2025년 12월 21일 기준). 그리고 지금도 예배가 끝나면 사진을 찍는다. 처음 온 예배자들에게도 사진 촬영을 권하지만, 그 선택은 전적으로 각자의 자율에 맡긴다. 그러나 모퉁이돌교회 성도라면 함께 사진을 찍는 것이 자연스러운 일이 되었다. 그 사진에는 "이번 한 주도 무사히 예배드리게 하셔서 감사합니다"라는 감사의 고백과, "나는 모퉁이돌교회의 성도입니다"라는 소속의 선언이 함께 담겨 있다.

그렇게 우리는 10년이라는 시간을 함께 예배하며 걸어왔다. 10주년 감사예배가 드려지던 2024년 11월 첫째 주일, 광고 시간에 지난 10년 동안 함께 예배드리며 찍었던 사진들이 찬양과 영상으로 한 장 한 장 넘어갈 때, 우리는 지금까지 지켜 주신 하나님과 앞으로도 함께하실 하나님께 감사와 찬양을 드릴 수밖에 없었다.

# 3. 모퉁이돌교회의 재정은 우리의 고백이다

2014년 11월 9일, 모퉁이돌교회가 개척되었다. 함께 시작한 성도들의 평균 나이는 16.5세에 불과했다. 그로 인해 주변의 큰 우려가 있었고, 현실적으로 불가능할 것이라는 시선도 적지 않았다. 그럼에도 모퉁이돌교회는 하나님의 은혜 가운데 세워졌다.

교회를 이끌어가는 개척 멤버 가운데 장년 성도는 단 한 명도 없었기에, 교회의 재정은 넉넉할 수 없었다. 그러나 교회는 주님의 것이며, 재정이 부족하다고 해서 교회가 운영되지 않는 것은 아니라는 믿음이 있었기에 그 상황이 마냥 힘겹게만 느껴지지는 않았다. 일주일에 한 번 아이들과 함께 밥 한 끼를 먹는 것으로도 충분했고, 아직 어린 성도들이었지만 나를 따라 모퉁이돌교회라는 이름으로 함께해 준다는 것으로도 감사가 넘쳤던 개척 1년 차였다.

나는 교회가 시작될 때부터 청년들에게 십일조와 헌금 생활에 대해 가르쳤다. 이 과정에서 부담을 느끼는 아이들도 분명히 있었고, 실제로 개척 초기에는 어린 성도들의 신앙이 헌금 생활로 이어지지는 않았다. 돈의 많고 적음을 떠나, 아직 믿음도 충분히 자라지 않았고 교회에 대한 애정 또한 형성되지 않은 어린 성도에게 눈에 보이지도 않는 하나님께 헌금을 드리는 것은 결코 쉬운 일이 아니었다.

이러한 상황 속에서 나는 교회를 운영하고 가정을 지키기 위해 이중직을 할 수밖에 없었다. 독수리체육관에서 태권도 사범으로 일하며 동시에 야간 대학원을 다녔다. 그럼에도 감사했던 것은, 함께 개척했던 장은서 성도가 고등학교를 졸업하자마자 취업하여 직장 생활을 시작했고, 회사에서 받은 월급으로 성실하게 십일조를 드리는 삶을 이어갔다는 사실이었다. 그 헌신을 통해 교회는 한 달 평균 약 25만 원의 재정을 확보하며 사역을 계속해 나갈 수 있었다.

개척 1년 차, 나는 거의 없는 것과 마찬가지 수준인 월 5만 원의 사례비를 받으며 사역을 이어 갔다. 어려움 속에서 시작된 교회였지만, 하나님께서 교회를 붙드시고 인도하고 계심을 배우는 은혜의 시간이었으며, 모퉁이돌교회의 기초를 다져 가는 소중한 발걸음이었다.

개척한 지 2년 차가 되던 해 1월, 모퉁이돌교회에 대학생 성도들이 등록하였다. 이는 결코 당연한 일이 아닌, 우리에게는 놀라운 사건이었다. 그들은 SNS를 통해 모퉁이돌교회를 알게 되었고, 그렇게 교회 공동체의 일원이 되었다.

처음 등록한 대학생 성도들은 모퉁이돌교회에 큰 힘이 되었다. 이들은 기존 성도들보다 더욱 성실하게 신앙생활을 했고, 비록 적은 금액이지만 정성껏 헌금을 드렸다. 그들의 헌금은 교회 재정에 실질적인 도움이 되었을 뿐 아니라 공동체 전체에 큰 격려가 되었다. 더 나아가 그 대학생 성도들은 자신들이 아르바이트하던 현장에서 함께 일하던 동료들을 전도하여 교회로 인도하기 시작했다.

비록 다섯 평 남짓한 공간이었지만, 개척 2년 차에 접어든 모퉁이돌교회에는 아이들의 헌금과 매달 정기적으로 들어오는 후원금이 더해지며 월평균 약 50만 원의 재정이 모이기 시작했다. 같은 해, 모퉁이돌교회에는 운영위원회가 세워졌고, 은서와 민석, 민식이가 첫 운영위원으로 섬기게 되었다.

당시 모퉁이돌교회가 어려운 형편 속에서도 버틸 수 있었던 것은 전적으로 하나님의 은혜였다. 당시에는 월세와 전기세를 부담하지 않아도 되는 상황이었기에, 성도들의 적은 헌금과 내가 아르바이트로 충당한 재정만으로도 교회를 유지할 수 있었다. 그렇게 인도해 주신 하나님께 모든 영광을 돌린다. 그러한 가운데 개척 2년 차에 들어서며 교회는 눈에 띄는 부흥을 경험하게 되었고, 예배에 모이는 인원이 30명에 이르렀다. 결국 모퉁이돌교회는 더 이상 다섯 평의 공간에 머물 수 없게 되었고, 교회 이전을 결정하게 되었다.

## | 개척 3년 차, 첫 번째 개혁: 헌금 개혁 |

개척 3년 차는 모퉁이돌교회가 신부동 시절을 마치고 성황동 시대로 접어든 해였다. 여러 우여곡절 끝에 다섯 평의 공간을 떠나 약 35평 규모의 교회 공간을 마련할 수 있었다. 그러나 이전과 함께 모퉁이돌교회는 이전과는 전혀 다른 현실을 마주하게 되었다. 그것은 이제부터는 월세와 관리비를 오롯이 교회 재정으로 감당해야 하는 것이다.

이전 과정에서 부담을 느낀 일부 청소년 성도들은 교회를 떠났고, 그동안 큰 힘이 되어 주었던 대학생 성도들 또한 여러 오해와 상황의 변화 속에서 교회를 떠나게 되었다. 성도들의 헌금으로 교회를 운영해야 하는 모퉁이돌교회로서는 큰 타격이 아닐 수 없었다. 그렇게 모퉁이돌교회는 개척 이후 처음으로 본격적인 재정 위기를 맞이하게 되었다.

그 시기를 돌아보면, 나는 담임목사로서 최선을 다하기 위해 이 중직을 감당하며 교회를 이끌었고, 30명이 넘는 청소년과 청년 성도들에게 가능한 모든 사랑과 헌신을 쏟아부었다. 그러나 위기가 닥치자, 아직 신앙이 충분히 성숙하지 못했던 청소년들과 청년들은 함께 극복하기보다 교회를 떠나는 길을 선택했다. 그 결과 교회의 재정적 위기는 더욱 깊어졌다.

이제는 결단해야 할 시점이 분명해졌다. 그것은 교회의 개혁이었다. 이전까지 모퉁이돌교회는 교회가 좋으면 와서 쉬고, 담임목사가 제공하는 음식을 누릴 수 있는 공동체였다. 그러나 교회가 월세를 직접 부담해야 하는 상황이 되면서, 재정에 대한 책임은 더 이상 피할 수 없는 과제가 되었다. 비록 어린 성도들이었지만 예외일 수는 없었다. 그 첫 번째 개혁이 바로 '헌금개혁'이었다.

당시 헌금을 넉넉히 드릴 수 있는 성도는 아무도 없었다. 그럼에도 헌금 개혁을 단행한 이유는 분명했다. 교회는 담임목사의 교회가 아니라는 확신 때문이었다. 하나님께서 목사인 나를 통해 교회를 개척하셨지만, 개척된 모퉁이돌교회는 특정 개인의 소유가 아니라 우리 모두의 교회였다. 그렇다면 성도 각자가 교회의 일원으로서 자신이 감당할 수 있는 최선을 다해야 한다고 믿었다. 그것이 한 달에 10만 원이든, 20만 원이든 각자의 형편 안에서 함께 책임을 짊어지는 것이 옳다고 생각했다.

이러한 변화는 많은 청년과 청소년 성도들에게 부담으로 다가왔다. 결국 교회 이전 후 절반 가량의 성도들이 교회를 떠났고, 남은 성도들은 적은 금액이었지만 헌금 생활을 시작했다. 하지만 성도들이 최선을 다했다는 사실을 나는 알고 있었고, 그렇기에 부족한 예산을 채우기 위해서 나는 이중직을 선택해야만 했다.

위기가 있었지만, 교회는 예수 그리스도의 이름으로 세워진 교회라는 확신만은 흔들리지 않았고, 우리가 삶 속에서 최선을 다할 때 주님께서는 어떤 방식으로든 이 위기를 해결해 주실 것이라 믿었다. 하지만 교회 재정 상황은 갈수록 힘들어졌고 결국 우리는 문을 닫아야 되는가를 두고 결정해야 하는 순간까지 이르게 되었다.

"목사님 우리가 최선을 다했는데도 위기가 온다면 함께 기도해야될 것 같습니다!"

그때 당시 운영위원이었던 한 청년의 고백에 따라 우리는 새벽 기도회를 시작하게 되었다. 그리고 놀랍게도 작정하고 기도를 시작한 지 일주일이 채 되지 않아서 입금자가 누구인지 모르는 헌금 400만 원이 계좌로 송금된 것이다. 그 덕분에 교회는 재정의 위기에서 벗어날 수 있었고, 이 위기를 통해 운영위원회와 함께 기도한 청년들의 신앙은 한층 더 깊게 성장하게 되었다.

개척 후 4년이 지났을 무렵, 모퉁이돌교회는 가장 많은 청년이 모이기 시작했다. 한 차례의 큰 위기를 지나온 이후, 교회는 눈에 띄게 성장해 있었다. 이제는 십일조 헌금을 드리는 대학생들도 적지 않게 생겨났고, 수많은 어려움 속에서도 끝까지 버텨 낸 청년과 청소년들의 신앙은 분명히 성숙해 있었다.

그러나 또 다른 문제가 드러나기 시작했다. 새롭게 전도되어 교회에 온 청년들에게는 다섯 평에서 함께 버텨 냈던 그 치열한 시간이 없었다. 이미 믿음이 자라난 기존의 성도들과는 달리, '분위기가 좋고, 젊은 사람들이 많이 모이는 교회'라는 소문을 듣고 모여든 경우가 많았다. 예배에 참석하는 인원은 늘어났지만, 교회를 위해 헌신하고 재정을 함께 책임지는 청년들은 여전히 많지 않았다.

당시 담임목사인 나는 여전히 이중직을 감당하고 있었고, 함께 사역하던 전도사님 또한 새벽에 신문 배달을 하며 사역을 이어가고 있었다. 본당은 점점 가득 차 갔지만, 사역자들의 삶은 나아지지 않았고, 교회 재정 역시 크게 달라지지 않았다. 감사하게도 하나님께서 호서대학교 교목으로 사역할 기회를 주셨지만, 그 사역을 오래 할 수는 없었다. 교회에 많은 청년이 모이기 시작하면서 양쪽 사역 모두에 최선을 다하는 것이 현실적으로 불가능했고, 무엇보다 내 마음이 교회가 아닌 다른 사역으로 기울어지는 것을 스스로 발견했기 때문에 결단을 해야 할 때가 왔다고 느꼈다.

나는 하나님께서 내게 맡기신 사역의 중심이 모퉁이돌교회임을 잊지 않았고, 호서대를 사임하고 교회에 전념하기로 하면서 다시 이 중직을 선택할 수밖에 없었다. 이전보다 더 많은 시간을 교회에 쏟아야 했기에, 이번에는 태권도 사범 일이 아닌, 패스트푸드점에서 야간 근무를 하며 사역을 병행했다. 그렇게 최선을 다해 교회를 지키고자 했지만 결국 체력은 한계에 이르렀고, 몸과 마음은 더 이상 버틸 수 없을 만큼 지쳐 있었다. 그 시점에서 모퉁이돌교회는 두 번째 개혁을 맞이하게 되었다.

개척 이후 시간이 흐르며 교회는 점점 밝아지고 젊어졌다. 그러나 숫자의 성장은 곧 헌신의 성장을 의미하는 것은 아니었다. 성도 수가 늘어나면서 심방과 사역은 많아졌고 재정 지출도 증가했지만, 헌금과 십일조 생활은 여전히 부족했다. 결국 담임목사인 나는 교회를 유지하기 위해 이중직과 사역을 병행하다 쓰러지고 말았다. 마음은 감당할 수 있었지만 몸이 더 이상 따라주지 못했다.

그래서 불가피하게 또 한 번의 개혁을 결단했다. 정말로 교회를 사랑한다면, 교회가 정말 어려우니 십일조에 동참해 달라고 성도들에게 요청했다. 혼자서 이 모든 사역과 책임을 감당하는 것이 더 이상 가능하지 않았기 때문이다. 물론 십일조는 하나님께 드리는 것이

며, 교회는 하나님의 교회이기에 궁극적으로 하나님께서 책임지신
다고 믿는다. 그러나 현실적으로 십일조 헌금이 없이는 교회의 재정
이 세워질 수 없고, 사역자는 사역에 온전히 집중할 수 없다. 그래서
나는 모퉁이돌교회 초창기에 겪었던 수많은 위기와 그 위기 속에서
늘 역사하시던 하나님의 은혜를 성도들에게 나누며 십일조 헌금에
대해 가르치고 요청했다. 하지만 그 결단은 많은 청년 성도에게 부
담으로 다가왔고 그 요구를 받아들이지 못한 청년들은 교회를 떠나
기 시작했다.

당시 60명에 가까웠던 청년 성도들, 하지만 십일조 개혁을 계기
로 약 20명이 교회를 떠났고, 그로 인한 갈등 속에서 추가로 10명 정
도가 교회를 더 떠나게 되었다. 지금 돌아보면 아쉬움이 전혀 없다
고 말할 수 없다. 그러나 그 시절 모퉁이돌교회는 극도로 힘든 상황
에 놓여 있었고, 성도들의 헌신 없이는 교회가 운영될 수도, 사역이
계속될 수도 없다는 사실을 뼈저리게 경험했다. 그때의 결단과 십일
조 헌금 개혁을 시도했던 일에 대해서 나는 지금도 후회하지 않는
다. 그것은 교회를 위한 선택이었을 뿐 아니라, 그들 자신의 신앙 성
장을 위해서도 필요한 결단이었다. 교회는 즐거울 때만 함께하는 곳
이 아니라, 어려울 때도 함께 걸어가는 공동체이다.

개척 6년 차가 되던 해는 2020년이었다. 코로나19로 인해 전 세계가 팬데믹에 빠졌고, 대한민국 사회는 교회를 코로나19 대중 전파의 근원지로 바라보는 시선 속에서 극심한 혼란과 위기를 겪고 있었다. 성도들은 교회에 모일 수 없었고, 모이지 못하는 상황이 장기화 되면서 헌금과 헌신을 중단하는 성도들이 늘어났다. 그 결과, 문을 닫는 교회들도 하나둘씩 생겨나기 시작했다. 2020년은 모퉁이돌교회에도 결코 예외가 아닌, 분명한 위기의 해였다.

특히 모퉁이돌교회는 신앙 1세대 성도들이 대부분이었기에 그 위기는 더욱 크게 다가왔다. 교회는 어린 성도들이 많이 있었지만, 신앙 1세대인 초등학생과 중학생들은 아예 교회에 나올 수 없는 상황이 되었다. 그들의 부모 가운데 신앙인이 거의 없었기에, 팬데믹 상황 속에서 자녀가 교회에 가는 것을 이해하거나 허락할 부모는 아무도 없었다. 당시 교회는 2019년 십일조 헌금 개혁 이후 남은 청년들과 중고등학생, 그리고 초등학생 어린이를 포함해 총 100명 정도가 함께하던 시절이었다. 그러나 모든 성도가 더 이상 교회에 모일 수 없게 되었다.

그래서 코로나19로 인한 팬데믹 기간은 모퉁이돌교회에 참으로 힘겨운 시간이 아닐 수 없었다. 교회 건물의 문은 닫혔고 온라인 예배로 전환했지만, 모퉁이돌교회의 사역 특성상 그 효과는 제한적이었다. 팬데믹이 지나간 이후에도 성도 수는 쉽게 회복되지 않았고, 그 시기는 오랜 침체의 시간으로 남았다.

그러나 건물로서의 교회는 문을 닫았을지라도 성도로서의 교회는 문을 닫지 않았다. 그 이유는 남아 있던 청년들의 헌신 때문이었다. 비록 한자리에 모일 수는 없었지만, 모퉁이돌교회의 청년들은 온라인으로 연결되었고, 헌금을 멈추지 않았다. 오히려 십일조 헌금을 계좌이체를 통해서 드리기 시작했다. 모이지는 못해도 각자의 자리에서 최선을 다하며 자신의 교회를 아끼고 사랑했으며, 있는 자리에서 성도들 스스로 교회로 살아가기 시작한 것이다.

그 결과, 수많은 교회가 사역을 중단하거나 문을 닫아야 했던 시기에도 모퉁이돌교회는 사역을 멈추지 않았을 뿐 아니라, 온라인으로 헌금하며 교회의 월세를 감당하기에 충분한 재정이 모이기 시작했고 사역자 사례비를 지급하는 데에도 큰 어려움이 없었다. 모퉁이돌교회는 코로나19라는 전례 없는 위기의 시간을 버텨냈다. 분명 어려운 시기였지만, 그 시간 속에서 모퉁이돌교회는 건물이 아닌 공동체로서, 그리고 주님의 교회로서 더욱 단단히 성장하고 있었다.

모퉁이돌교회는 코로나19 팬데믹이라는 전례 없는 시간을 비교적 잘 버텨냈다. 그러나 팬데믹 이후 뜻하지 않은 또 하나의 위기가 찾아왔다. 교회 안에 불거진 오해로 인해 모든 사역자가 사임하게 되었고, 그 과정에서 몇 명의 성도들 또한 교회를 떠나게 되었다. 결국 모퉁이돌교회는 남은 평신도들의 헌신에 의지해 교회를 이끌어 가야 하는 상황에 놓이게 되었다.

그럼에도 절망하지 않을 수 있었던 이유는 분명했다. 남아 있던 운영위원들과 중직들, 그리고 교회를 위해 묵묵히 헌신해 온 청년들이 있었기 때문이다. 그들은 내가 생각했던 것보다 훨씬 더 단단해져 있었고, 고난의 시간을 지나며 신앙은 눈에 띄게 성장해 있었다. 모든 상황은 쉽지 않았지만, 그 모든 과정을 통해 하나님께서 공동체를 자라게 하고 계심을 분명히 경험할 수 있었다.

개척 9년 차에 접어들며, 모퉁이돌교회는 성황동을 떠나 문화동으로 이전하게 되었다. 성황동에서의 마지막 8년 차를 보내는 동안 교회 공간은 이미 빈자리가 없는 상태였다. 성도들의 평균 연령도 개척 당시 16.5세에서 21.5세로 높아졌고, 결혼하는 청년들도 생겨나기 시작했다. 성도 수가 늘어남에 따라 공간은 점점 비좁아졌고, 건물은 겨울에는 지나치게 춥고 여름에는 너무 더웠다. 특히 결혼과

출산을 앞둔 청년들이 늘어나면서, 담임목사에게 좁은 유아실 문제
는 계속 마음에 걸리는 과제가 되었다. 그래서 당시 함께 신앙의 길
을 걸어오던 청년 30여 명에게 이렇게 제안했다.

"이사 가자, 애들아."

성황동에서는 1층과 3층을 사용하고 있었지만, 성도들의 신앙이
자라며 성경 공부와 소그룹 모임이 본격화되자 더 많은 공간이 필요
해졌다. 건물주에게 지하 공간 사용을 요청했지만 계속해서 거절당
했고, 결국 담임목사로서 또 한 번의 결단이 필요한 시점이 찾아왔
다. 문제는 역시 재정이었다. 교회가 이전하게 되면 인테리어 공사
도 다시 해야 했고, 기존에 사용하던 약 50평 규모의 공간조차 좁아
진 상황에서 이전할 교회는 최소 100평 정도의 공간이 필요하다는
현실적인 부담이 있었다.

그러나 나의 염려와는 달리, 지난 10년 동안 수많은 위기를 함께
통과하며 인내해 온 청년들은 "할 수 있다"라고 말하며 내게 힘을
실어 주었다. 중학생이었던 아이들은 어느새 스무 살이 되었고, 교
회를 자신의 공동체로 여기며 책임을 함께 지려는 신앙인으로 성장
해 있었다. 그들의 고백과 결단으로 우리는 교회 이전을 결정할 수
있었다.

사람의 계산으로는 분명히 부족해 보였지만, 교회가 모아 둔 재정

으로 공사를 시작했고, 일부는 대출받아 이전을 진행했다. 청년들은 그 부담을 함께 갚아 나가기 시작했고, 운영위원들은 내가 이중직을 하지 않고 목회에 전념하기를 요청했다. 나는 교회의 성장을 보며 결단할 수 있었다. 개척 당시 월 5만 원에 불과했던 사례비는 9년 차에 이르러 200만 원으로 단계적으로 인상되었고, 10년 차를 맞는 다음 해에는 운영위원회의 결정으로 250만 원으로 책정되었다. 그로 인해 나는 약 10년간 이어 오던 이중직을 마침내 내려놓을 수 있었다.

지금의 모퉁이돌교회는 숫자로만 보면 과거보다 성도가 많지 않다. 한때는 청년만 60명 가까이 모이던 시절도 있었지만, 현재는 그만큼의 숫자가 모이지 않는다. 그러나 분명한 사실은, 그때보다 지금의 우리는 믿음과 인격이 더욱 성숙해졌고, 신앙생활도 더 깊어졌으며, 교회를 사랑하는 마음 역시 자라났다는 것이다.

이제 모퉁이돌교회는 자립할 수 있는 공동체가 되었다. 여전히 다음세대를 위한 집중적인 사역을 위해 일부 후원을 받고 있지만, 동시에 선교와 다른 교회를 향한 후원을 더 많이 감당하고 있다. 더 이상 후원에 의존하지 않는 교회, 책임 있는 공동체로 서게 된 것이다. 그렇게 모퉁이돌교회는 개척 10년 만에 자립 교회로 우뚝 서게 되었다.

# 4. 모퉁이돌교회 다섯 키워드는 우리의 방향

| 신뢰하라 |

**나이가 어려도 성도다**

개척 당시 모퉁이돌교회 성도들의 평균 나이는 16.5세였다. 그들에게는 사회적 지위도, 경제적 능력도 없었다. 그러나 분명한 사실은 그들이 모퉁이돌교회의 성도였다는 점이다. 나 자신을 돌아보아도 마찬가지였다. 아직 대학원을 졸업하지도 못한 전도사였고, 이제 막 개척을 시작한, 목회 경험과 능력 면에서 매우 부족한 사역자였다. 그런데도 성도들은 당시 전도사였던 나를 담임으로 신뢰하며 따라주었고, 나 또한 그들이 비록 어리고 미성숙할지라도 분명한 '성도'임을 확신하며 함께 교회를 이끌어 가기 시작했다.

성도가 갖추어야 할 자격이 있다면, 그것은 사회적 조건이나 경제적 능력이 아니라 하나님을 사랑하고 교회를 사랑하는 마음이라고 믿는다. 아이들은 경제적 능력은 없었지만, 누구보다 교회를 사랑했고 리더를 신뢰하며 잘 따라 주었다. 개척 당시 그들에게 하나님에 대한 확고한 신앙고백이 있었던 것은 아니었지만, 교회를 통해 나타나는 하나님의 은혜를 함께 경험하며 그 믿음은 자라나기 시작했다. 그렇기에 나는 그들이 이미 성도의 자격을 갖추고 있다고 생각했다. 그들이 나를 전도사로 인정해 주었듯, 나 또한 그들을 성도로 인정했다.

그렇게 신뢰받고 인정받은 아이들은 누구보다 교회를 사랑하기 시작했고, 리더를 존중하며 교회를 위해 기꺼이 헌신했다. 개척 이후 10년이라는 시간을 지나며 교회가 흩어지지 않고 계속 사역을 이어올 수 있었던 이유 또한 여기에 있다고 믿는다. 성도가 리더를 신뢰하고, 리더가 성도를 신뢰하며 함께 걸어왔기에 가능한 일이었다. 비록 아이들은 장년 성도들처럼 성숙하지는 않았지만, 교회를 향한 사랑과 리더를 향한 존중만큼은 누구보다 진지했다.

아이들을 신뢰하고 믿어 주었을 때 그들의 신앙은 분명히 성장했다. 처음부터 성경을 잘 알고 이해했던 것은 아니었지만, 리더인 목회자가 믿어 주었을 때 그들은 스스로 자라나기 시작했다. 시간이 흐르며 성경 공부에 참여했고, 교회를 위해 봉사하며, 하나님 앞에 자신이 가진 것을 헌금으로 드리는 삶으로 나아갔다. 이 과정을 통해 나는 분명히 깨달았다. 성도는 나이가 차거나 조건을 갖추었을 때 자격이 생기는 존재가 아니라, 신뢰받을 때 성장하는 존재라는 사실을 말이다.

## 교회 재정을 투명하게 공개하다

모퉁이돌교회는 청소년들과 함께 개척한 교회였기 때문인지, 혹은 작은 평수의 예배 공간 때문이었는지 교회에 예배하러 오는 장년 성도가 거의 없었다. 비록 학생들만 모이는 공동체였지만, 시간이 지나며 그들이 성도로 자라감에 따라 교회의 재정은 점진적으로 늘어나기 시작했다. 그 과정에서 교회의 모든 재정을 담임목사 혼자 관리하는 일은 점점 부담이 되었고, 바람직하지 않다는 판단에 이르게 되었다. 그래서 내린 결론은 분명했다. 교회의 모든 재정을 성도들에게 투명하게 공개하는 것이었다.

성경 사도행전 5장에는 아나니아와 삽비라 부부의 이야기가 등장한다. 그들은 자신들의 소유 중 일부 땅을 팔아 전부를 바친 것처럼 보임으로써 사람들의 인정을 얻고자 했다. 그러나 실제로는 받은 돈의 일부를 감추고, 그것이 전부인 양 나머지만을 사도들에게 헌금으로 드렸다. 그들은 사람은 속일 수 있다고 생각했지만, 성령께서는 알고 계셨고, 하나님은 결코 속일 수 없는 분이셨다. 결국, 그들은 하나님과 교회를 기만한 죄의 결과로 생명을 잃고 말았다. 이 사건은 교회 재정과 헌신 앞에서 정직과 투명성이 얼마나 중요한지를 분명히 보여 준다.

모퉁이돌교회 역시 개척 초기부터 헌금의 많고 적음을 떠나, 모든 헌금은 하나님의 것임을 분명히 가르쳐 왔다. 시간이 흐르며 헌금액이 조금씩 늘어나자, 재정의 투명성을 더욱 철저히 지켜야 할 필요성을 느꼈다. 그래서 모퉁이돌교회 성도라면 누구라도 교회의 재정에 관해 묻는 것이 이상하지 않도록, 모든 재정을 공개하는 문화를 만들어 갔다. 개척 초기 후원을 받을 때마다 이를 성도들에게 알렸고, 그 원칙은 지금까지도 변함없이 이어지고 있다. 개척 10년이 지난 지금도 모퉁이돌교회는 후원금이나 특별 헌금이 들어올 때마다 이를 성도들에게 공유하며, 투명한 재정 운영을 목회의 중요한 원칙으로 지키고 있다.

재정이 공개되고 헌금이 어떻게 사용되는지를 알게 되자, 청년과 청소년 성도들의 헌금은 자연스럽게 늘어나기 시작했다. 비록 작은 헌금이라 할지라도 결코 허투루 사용되지 않으며, 그 대부분이 공동체와 자신들을 위해 쓰이고 있다는 사실을 알게 되었기 때문이다. 교회의 헌금은 목사의 소유도 아니고, 목사를 부양하기 위해 드려지는 것도 아니다. 헌금은 하나님께 드려진 것이며, 교회는 그 헌금을 잠시 맡아 하나님의 영광을 위해 사용하도록 위임받은 공동체일 뿐이다.

이러한 목회 철학 아래 모퉁이돌교회는 모든 성도가 교회의 재정에 대해 충분히 알 필요가 있다는 원칙을 가지고 목회를 해 왔다. 그 신뢰 위에서 교회의 재정은 건강하게 성장했고, 아이들은 자신이 가진 것을 하나님께 온전히 드릴 수 있는 성도로 자라가게 되었다.

## 대학생 도서비 지원

"어떻게 하면 하나님을 기쁘시게 할 수 있을까?"라는 질문이 나의 첫 초심이었다면, 그다음으로 품게 된 마음은 "어떻게 하면 성도들에게 잘해 줄 수 있을까?"였다. 교회는 하나님의 것이며, 하나님께서 세우신 목사를 통해 개척되고 성장해 가지만, 그 사역의 중심에는 언제나 성도가 있다. 그렇기에 나는 늘 성도들의 필요를 어떻게 채워 줄 수 있을지를 고민해 왔다.

개척 초기 모퉁이돌교회의 형편으로는 대학생 성도들에게 등록금을 지원하는 일이 현실적으로 어려웠다. 그러나 할 수 없다는 이유로 손을 놓고 싶지는 않았다. 우리가 할 수 있는 일 안에서 최선을 다하고자 시작한 사역이 바로 대학생 도서비 지원이었다. 물론 모든 대학생에게 무조건 지원한 것은 아니었다.

모퉁이돌교회는 성실하게 학업에 임하는 대학생들을 격려하고 싶었다. 그래서 한 학기 15학점 이상 이수, 평점 평균 3.0 이상이라는 기준을 세웠다. 평점 3.0 이상일 경우 5만 원, 4.0 이상일 경우 10만 원의 도서비를 지원하였다. 금액으로만 보면 크지 않은 지원이었지만, 이 작은 섬김은 예상보다 성도들에게 큰 힘이 되었다. 많은 학생이 "더 열심히 공부하게 되었다"라고 고백해 주었고, 그 말은 이 사역의 의미를 충분히 설명해 주었다.

개척 당시 모퉁이돌교회에는 다른 지역에서 천안으로 올라와 대학 생활을 시작한 학생들이 많았고, 대부분 자취 생활을 하고 있었다. 그들에게 매달 지출되는 자취 비용은 절대 적지 않은 재정이었다. 그래서 모퉁이돌교회는 그들의 곁에서 조금이라도 힘이 되어 주고 싶었다. 도서비 지원은 학생들에게 실제적인 도움이 되었고, 작은 위로와 격려가 되었으며, 무엇보다 이 사역을 통해 모퉁이돌교회가 함께 짐을 짊어지는 공동체임을 전하고 싶었다. 그것이 바로 대학생 도서비 지원 사역에 담긴 마음이었다.

## | 보증금 지원 |

"어떤 교회를 갈지 고민하다가 모퉁이돌교회를 알게 되었고, 결국 이곳에 정착하게 되었습니다."

이와 같은 고백을 남기며 모퉁이돌교회를 다니던 많은 학생이 대학을 졸업했고, 자연스럽게 교회 근처에 삶의 터전을 마련하게 되었다. 그중에는 경제적으로 어려운 형편의 대학생들도 있었다. 모퉁이돌교회는 그들의 상황을 외면하지 않았고, 보증금을 지원하며 자립의 길을 함께 모색했다.

이 선택은 재정적 여유에서 비롯된 결정이 아니었다. 함께 살아갈 공동체를 포기할 수 없기 때문이었다. 교회는 단지 예배드리는 공간이 아니라, 한 사람이 삶의 기반을 세워 가도록 돕는 영적 가족이기 때문이다. 물론 결코 쉬운 결정은 아니었지만, 교회가 손을 내밀었을 때 청년들은 책임으로 응답했고, 교회를 더 사랑하게 되었다. 그러한 과정을 통해 교회 공동체는 오히려 더 단단해졌다.

어쩔 수 없이 지방 거점 대학교에 다니는 학생들은 졸업과 동시에 고향이나 더 나은 기회를 찾아 다른 지역으로 이동하는 것이 일반적인 현실이 되었다. 그러나 모퉁이돌교회는 다른 지역에서 천안으로 대학 생활을 시작한 청년들이 떠나지 않고 정착하는 경우가 적지 않았다. 이는 단순한 지역적 요인이라기보다, 교회가 그들의 삶을 함께 감당해 왔기 때문이라고 생각한다.

다음세대를 붙잡기 위해 고심하는 오늘의 교회 현실 속에서, 모퉁이돌교회의 선택은 분명 하나의 도전이 된다. 교회는 사람을 붙잡기 위해 프로그램을 준비하는 것도 중요하지만, 한 사람의 삶을 함께 책임질 준비가 되어 있는지를 먼저 점검해야 한다. 청년들이 머무는 교회는 함께 살아갈 수 있는 교회이기 때문이다.

교회의 도움을 받았던 청년들은 그 마음을 누구보다 깊이 이해했고, 시간이 지나며 보증금을 조금씩 갚아 나갔다. 이러한 선택은 성도를 떠날 대상이 아니라 교회를 함께 세워 가는 동역자로 바라보는 모퉁이돌교회의 신앙 고백이다.

## 모퉁이돌 하우스

그렇게 탄생한 공간이 바로 모퉁이돌하우스였다. 모퉁이돌하우스는 타지에서 생활하고 일하고 있지만, 교회를 사랑하여 주말마다 모퉁이돌교회로 올라오는 청년들을 위해 시작된 사역이다. 교회 사역을 이어 가던 중, 어느 날 예상하지 못한 큰 후원을 받게 되었다. 우리는 이 귀한 재정을 어떻게 사용하는 것이 하나님 앞에서 가장 합당할지 깊이 고민했다. 그 과정에서 자연스럽게 떠오른 것은, 주일예배를 드리기 위해 천안으로 올라와 교회 한쪽에서 밤을 보내던 청년들의 모습이었다. 그래서 우리는 그들을 위해 '머물 수 있는 집'을 마련하기로 결단했다.

처음에는 교회에 한 명의 청년이 머물렀다. 그러나 시간이 지나며 한 명, 두 명이 더해졌고, 결국 더 이상 교회에 머물기에는 불편해지기 시작했다. 마침 들어온 큰 후원금이 보증금이 되어 세 명의 청년이 함께 지낼 수 있

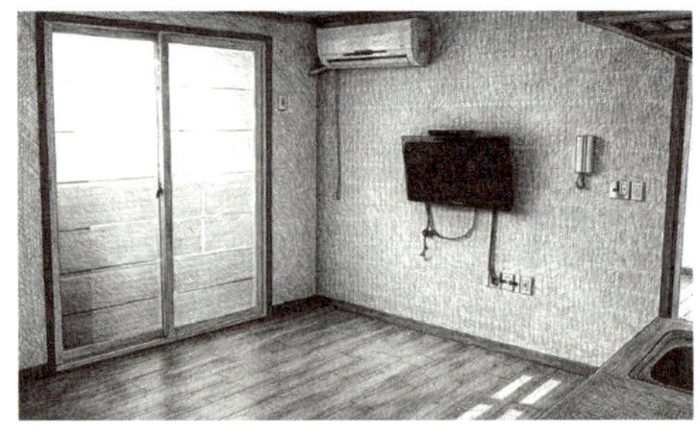

당시 모퉁이돌 하우스 거실 모습

도록 방을 마련하게 되었다. 그렇게 모퉁이돌하우스는 단순한 숙소가 아니라, 청년들의 쉼과 신앙의 거점이 되었다.

물론 모든 것이 무상으로 이루어진 것은 아니었다. 교회가 감당해

야 할 월세와 관리비가 있었기에, 이용하는 성도들에게 최소한의 책임을 나누고자 했다. 청년 한 사람당 월 10만 원씩을 부담하도록 했고, 그 금액은 월세 일부로 사용되었다. 나머지 비용은 교회가 기꺼이 감당하기로 했다.

감사하게도 그곳에 머물던 청년들 가운데 한 명, 두 명이 차례로 전도사의 소명을 받게 되었고, 모퉁이돌하우스는 자연스럽게 전도사들이 함께 거주하며 사역하는 공간이 되었다. 그렇게 모퉁이돌교회는 의도하지 않았음에도, 사역자들이 살아갈 수 있는 집까지 품는 교회가 되었다. 한 지붕 아래에서 함께 살아가며 예배하고 기도하고 사역을 논의하던 시간은, 교회가 단순한 예배 공동체를 넘어 '함께 부르심을 살아내는 공동체'임을 보여 주는 증거였다.

한편, 여자 청년을 위한 모퉁이돌하우스도 따로 마련되었다. 남자 청년들의 하우스와 달리, 여자 청년들이 머무는 집은 보증금을 '갚아가는 방식'으로 운영되었다. 그곳에 거주한 청년은 약 2년 동안 보증금을 차근차근 상환하며 월세를 부담했고, 시간이 지나 마침내 보증금을 모두 마련하게 되었다.

이후 여자 청년은 사회생활을 시작하며 모퉁이돌하우스를 떠났는데, 그동안 모아 둔 보증금은 새로운 삶을 시작하는 데 큰 힘이 되어 주었다. 모퉁이돌하우스는 단순히 머무는 공간이 아니라, 청년이 자립을 준비하고 미래를 향해 나아갈 수 있도록 돕는 '디딤돌'의 역할을 감당하고 있었다. 모퉁이돌교회는 사람을 붙잡아 두기 위한 집을 만든 것이 아니라, 사람을 세워 다시 세상으로 보내기 위한 공간을 마련했을 뿐이었다. 그렇게 교회는 또 한 번, 하나님께서 맡기신 다음세대를 어떻게 품어야 하는지를 배워 가고 있었다.



### 예배 드림에서 타협하지 않도록 삶으로 가르치라

교회 사역 가운데 중요하지 않은 사역은 하나도 없다. 그러나 그 모든 사역의 중심에 무엇이 있는지를 묻는다면, 답은 분명하다. 교회의 가장 중요한 사역은 예배이다. 모퉁이돌교회 역시 이 원칙 위에 서 있다. 현재 모퉁이돌교회는 주일에 두 차례 예배를 드린다. 오전 10시 30분에는 중학생부터 장년에 이르기까지 전 세대가 함께하는 공동체 예배가 드려지며, 오후 2시에는 유치원생과 초등학생을 대상으로 한 KIDS 예배가 코이노니아실에서 진행된다. 모든 교회가 그러하듯, 모퉁이돌교회 역시 예배에 관하여는 결코 타협 없는 공동체가 되고자 가르치고 있다.

특히 모퉁이돌교회에는 신앙 1세대 성도들이 많기에, 예배의 중요성은 더욱 분명하게 강조되어야 했다. 그러나 우리는 예배의 가치를 특정한 커리큘럼이나 이론 교육을 통해 주입하려 하지 않았다.

대신 아이들이 실제로 예배의 우선순위를 삶 속에서 경험하도록 돕는 방식을 선택했다. 그 방법 중 하나가 바로 교회에서 운영하는 '아지트 사역'에 일정한 기준과 제한을 두는 것이었다.

모든 학생 성도는 유·초등부 예배 혹은 오전 10시 30분 주일 예배에 참석하지 않을 경우, 그다음 주에는 아지트에서 제공되는 간식과 컴퓨터 사용이 제한된다. 이러한 규정은 장년 성도들에게는 아무런 부담이 되지 않지만, 주중에 학교를 마치고 아지트에 오는 아이들에게는 절대 가볍지 않은 제약이다. 그러나 바로 그 지점에서 아이들은 예배가 선택 사항이 아니라, 삶의 우선순위임을 몸으로 배우기 시작한다.

모퉁이돌교회의 아이들에게 이 경험은 예배의 소중함을 인식하는 첫 출발점이 되었다. 시간이 흐르며 아이들은 예배와 성경 공부를 통해 하나님을 알아가고, 중학생이 되었을 때 하나님을 인격적으로 만나는 경험으로까지 나아가게 된다. 그 이전의 단계에서는, 아지트 사역에 일정한 제한을 두어 예배의 중요성을 먼저 '느끼게' 하는 것이 필요했다. 물론 이러한 방식은 아이들과의 신뢰 관계가 충분히 형성되어 있을 때 더욱 효과를 발휘한다.

일부에서는 이러한 접근이 교회 사역으로서 지나치게 세속적이거나 적절하지 않다고 평가하기도 한다. 그러나 이는 어린이의 발달 특성과 인간의 죄성을 충분히 고려하지 않은, 지나치게 점잖은 시선일 수 있다. 신앙으로 바로 서기까지 인간은 어린이나 어른이나 크게 다르지 않다. 자기에게 직접적인 손해나 불이익이 따르지 않는 한, 쉽게 삶의 방향을 바꾸지 않는다. 더 나아가 인간은 가만히 두면 옳은 선택보다는 편한 선택, 옳은 길보다는 쉬운 길을 택하기 마련이다.

그렇기에 교회는 아이들이 예배의 자리를 가볍게 여기지 않도록, 사랑 안에서 분명한 기준을 제시해야 한다. 모퉁이돌교회는 아이들을 통제하기 위해서가 아니라, 예배를 중심으로 삶이 세워지는 경험을 위해 이러한 방식을 선택했다. 그리고 그 선택은 오늘도 다음세대를 예배의 자리로 이끄는 하나의 통로가 되고 있다.

## | 십일조 헌금을 드림에서 타협하지 않도록 가르치고 살아라 |

모퉁이돌교회에는 장년 성도의 비중이 크지 않다. 그럼에도 교회가 사역을 지속할 수 있는 이유는, 교회의 중심을 이루는 청년 성도들 가운데 십일조 헌금이 비교적 온전히 이루어지고 있기 때문이다. 물론 신앙 1세대가 많은 모퉁이돌교회의 청년들이 처음부터 십일조 헌금에 익숙했던 것은 아니다. 십일조가 무엇인지조차 알지 못한 채 교회에 온 이들도 많았고, 헌금에 관해 부담이나 반감을 느끼는 경우도 적지 않았다.

그러나 시간이 흐르며 교회와 신뢰의 관계, 나아가 사랑의 관계가 형성되자 변화가 일어났다. 청년들은 자신이 드리는 십일조 헌금이 교회를 유지하고 사역을 가능하게 하는 중요한 토대임을 스스로 깨닫기 시작했다. 특히 모퉁이돌교회의 구조상, 교회의 주축인 청년들이 헌금에 참여하지 않으면 공동체 전체가 어려움을 겪을 수밖에 없다는 사실을 삶으로 체감하게 되었기 때문이다.

이 지점에서 나 자신의 경험 또한 청년들에게 중요한 간증이 되었다. 나 역시 어린 시절 가정 형편이 넉넉하지 않아 대학 진학조차 쉽지 않았고, 십일조 헌금 앞에서 수없이 갈등하던 시간을 지나왔다. 그런데도 매 순간 삶을 채우시고 인도하셨던 하나님의 은혜를 나는 직접 경험했다. 나는 이러한 나의 이야기를 숨기지 않고 청년들에게 솔직히 나눈다. 어려운 시절에도 하나님께서 어떻게 역사하셨는지, 그리고 그 은혜가 오늘의 나를 어떻게 세워 왔는지를 간증하며, 청년들도 그러한 삶의 태도를 배우기를 권면한다.

다만 모퉁이돌교회는 결코 무리한 헌금을 요구하지 않는다. 십일조에 대한 가르침과 함께, 건강한 재정 관리에 대한 교육 역시 교회 안에서 병행한다. 성도들이 하나님 앞에서뿐 아니라 가정과 삶의 자리에서도 정직하고 책임 있게 살아갈 수 있도록 돕는 것 또한 담임 목사로서 중요한 목회적 책무이기 때문이다.

십일조 헌금은 결코 가볍거나 쉬운 문제가 아니다. 동시에 매우 예민할 수 있는 주제이기도 하다. 그러나 십일조는 단순한 헌금 행위가 아니라, 하나님이 내 삶의 주인이심을 고백하는 신앙의 표현이다. 그러므로 교회의 한 지체로서 십일조 헌금은 하나님 앞에서 드리는 개인의 신앙고백이며, 공동체를 향한 사랑의 실천임을 분명히 가르칠 필요가 있다.

감사하게도 현재 모퉁이돌교회 청년들 대부분은 이 고백 위에 십일조 헌금을 드리고 있다. 그 결과 교회는 규모보다 더 다양한 사역을 감당할 수 있게 되었고, 사역자와 교회 직원에게 정당한 사례를 지급하는 일도 가능해졌다. 물론 십일조의 부담으로 인해 교회를 떠난 청년들도 있었다. 그러나 학생 시절부터 모퉁이돌교회에서 신앙의 기초를 다져 온 성도들의 진솔한 고백은 공동체 안에서 살아 있는 간증이 되었고, 그 고백은 또 다른 청년들의 고백으로 이어졌다.

이처럼 남의 이야기가 아닌 자신의 이야기로 하나님의 은혜를 고백하게 될 때, 청년들은 점차 십일조를 '해야 하는 의무'가 아니라 '드릴 수 있음에 감사하는 고백'으로 받아들이는 성도로 성장해 간다. 그리고 그 고백 위에 세워진 헌신이 오늘의 모퉁이돌교회를 지탱하는 중요한 기둥이 되고 있다.

## 교회의 역사를 가르치라

역사는 매우 중요하다. 우리가 대한민국 국민으로서 역사를 잊지 않고 마음에 새길 때 나라와 민족을 사랑할 수 있듯이, 교회를 사랑하기 위해서도 교회의 역사를 정확히 아는 것이 필요하다. 교회가 언제, 어떻게 개척되었는지, 어떤 길을 걸어왔는지, 그 과정에서 어떠한 어려움을 겪었고 또 어떤 하나님의 은혜가 있었는지를 알고 기억하는 일은 매우 중요하다.

다섯 평 남짓한 신부동 공간에서부터 함께 개척을 시작했던 청년들은 누구보다도 모퉁이돌교회가 어떻게 시작되었는지를 잘 알고 있다. 그렇기에 그들은 다른 성도들보다 교회를 사랑하고 아끼는 마음이 더욱 크다. 또한 문화동 시절, 교회 초창기의 어려움을 함께 견디며 몇 차례의 개혁을 지나왔던 성도들도 있다. 그 기간 많은 청년의 이탈을 경험하며 함께 아파했지만, 동시에 빈자리를 채우시는 하나님의 놀라운 은혜를 몸으로 경험한 이들이다. 그래서 그들 역시 누구보다 교회를 사랑하고 귀하게 여긴다.

지금 교회는 문화동 시기를 지나고 있다. 교회는 재정적으로 자립하였고, 더 이상 큰 재정적 위기를 걱정하지 않아도 되는 단계에 이르렀다. 10년이라는 시간을 함께 걸어오며 멤버십도 단단하게 형성되었고, 모퉁이돌교회 정관을 바탕으로 교회 역시 안정적으로 세워졌다. 그렇기에 지금 자라나고 있는 중고등학생들, 그리고 문화동 시절부터 교회에 등록한 청년과 장년 성도들에게 모퉁이돌교회가 언제, 어떻게 개척되었고 지난 10년 동안 어떤 길을 걸어왔는지를 아는 시간은 매우 중요하다.

이를 위해 모퉁이돌교회는 매년 수련회나 특별한 시간을 마련하여 교회의 역사 교육을 진행하고 있다. 또한 교회에 출석한 지 10주가 지나 성도로 등록하게 되면, 모퉁이돌교회의 역사를 주제로 한 교육을 받는다. 비록 10년 남짓한 짧은 역사이지만, 그 안에 담긴 이야기들을 배우며 왜 교회 정관에 이러한 규약들이 제정되었는지에 대해서도 충분한 설명을 듣고 이해하는 시간을 갖는다. 그 이전의 10주 동안은 각 직분자들의 안내 아래 교회 전반에 대해 배우며, 새로 온 성도들이 교회를 자연스럽게 이해할 수 있도록 충분한 시간을 할애한다.

교회를 이해하는 일은 매우 중요하다. 교회가 걸어온 역사는 곧 그 교회의 목회관이기 때문이다. 교회를 이해하지 못하면 담임목사를 이해할 수 없고, 함께 모인 성도들을 이해할 수도 없다. 그렇게 되면 온전한 공동체의 일원으로 서기 어렵다고 나는 생각한다. 모퉁이돌교회는 학생들과 함께 개척한 교회이지만, 누구보다 교회를 사랑하고 아끼는 귀한 성도들과 함께 여기까지 걸어온 공동체이다.

나는 모든 한국 교회가 각자의 교회 역사를 어린아이들부터 청년 들에게까지 잘 가르쳐, 성도들이 교회의 이야기를 자신의 이야기로 품고 교회와 함께 걸어가기를 소망한다.

## | 성경을 가르치라 |

교회를 개척하자마자 성경 공부를 시작한 것은 아니었다. 사역을 이어가며 교회 안에 충분한 교제의 장이 마련되었다는 확신이 들었 고, 설교를 들으며 자라던 성도들 스스로가 성경에 대해 질문하기 시작했다. 그때 우리는 비로소 성도들이 준비되었음을 느꼈다. 그렇 게 개척 후 8년이 지나서야 모퉁이돌교회는 공식적인 성경 공부를 시작하게 되었다. 무엇보다 이 성경 공부는 교회가 주도한 프로그램 이 아니라, 성도들이 바라고 원해서 시작된 시간이었다.

성경 공부는 교회의 현실과 상황에 맞추어 ZOOM을 통해 시작되 었다. 청년들은 직장 생활로 바빴고, 학생들은 학원과 학업 일정으 로 늘 시간에 쫓기고 있었다. 모두가 한자리에 모여 성경을 공부하 는 것은 현실적으로 어려웠고, 늦은 시간 교회에 모이는 것에 대해 신앙이 없는 부모님들의 반대도 있었다. 이러한 이유로 온라인 성경 공부를 결정하게 되었다. 더불어 코로나19 팬데믹을 거치며 온라인 사역 환경이 빠르게 자리 잡았고, 단 한 명이라도 더 참여하게 하고 싶은 마음으로 온라인 방식을 선택했다.

처음에는 모두가 각자의 집에서 성경 공부에 참여할 것이라 예상했다. 그러나 예상과 달리 청년들은 교회로 모이기 시작했고, 학생들은 학업과 학원 일정으로 인해 ZOOM 접속조차 쉽지 않은 상황이 되었다. 그 결과 모퉁이돌교회에는 현재 매주 두 차례의 성경 공부 시간이 자리 잡게 되었다.

매주 수요일 저녁 9시에는 청년들이 온라인으로 모여 성경을 공부하고, 주일 오후 3시에는 20대 청년부가 담임목사실에 모여 성경을 배우며, 중·고등부 학생들은 교회 소그룹실에서 교사들과 함께 말씀을 나눈다. 또한 유·초등부 역시 같은 시간 코이노니아실에서 교사들과 성경 공부를 진행한다. 현재는 성경 공부가 비교적 체계적으로 잘 정착되었지만, 여기까지 오는 길은 결코 순탄하지 않았다. 개척 초기 교회가 안정되지 못한 상황 속에서 사역의 혼선도 있었고, 코로나19로 인한 여러 어려움 때문에 체계적인 성경 공부가 오랫동안 자리 잡지 못했다. 그렇기에 교회 안팎에는 이에 대한 염려의 시선도 분명 존재했다.

그러나 내가 서두르지 않은 이유는 성경 말씀을 '아는 것'보다 '사는 것'을 먼저 경험하게 하고 싶었기 때문이다. 하나님의 말씀은 지식이 아니라 삶으로 드러나야 한다는 확신 속에서, 담임목사인 나 역시 많은 고민과 염려를 안고 그들의 삶 속에서 상관있는 자가 되기 위하여 오랜 시간을 기다려 왔다.

특히 모퉁이돌교회는 장년이 아닌 어린이와 청년으로 시작한 교회였다. 만약 그들에게 처음부터 교실 환경에서 성경을 가르쳤다면, 성경을 학교 공부처럼 시험을 위해 머리에 넣는 대상으로 오해할 위험이 있다고 판단했다. 그래서 의도적으로 하나님의 말씀을 삶 속에서 먼저 만나도록 했다. 주일 설교를 통해 하나의 말씀을 들으면, 그 한 주 동안 그 말씀을 실천하며 살아보는 훈련을 이어 갔다. 나는 이 방식이 분명 일정한 열매를 맺었다고 믿는다.

20대 청년들의 성경 공부 모습

물론 이것이 신앙의 초기 단계에서 성경 공부가 불필요하다는 주장은 아니다. 성경을 배우는 일은 교회가 교회다워지는 데 있어 핵심적인 사역이며, 성도의 신앙 성장을 위해 필요한 과정이다. 다만 모퉁이돌교회의 경우, 교회 구성원의 대부분이 학생이었던 특수한 상황 속에서 선택한 목회의 방향이었음을 분명히 밝히고 싶다.

### 헌금이 무엇인지 정확히 가르치라

교회를 이끌어 가는 데에는 여러 중요한 요소가 있다. 목사에게는 리더십과 성도들을 향한 사랑이 필요하며, 더 나아가 신학적 토대와 성경에 대한 올바른 이해를 바탕으로 성도들을 지도하여 교회가 하나님 앞에서 바르게 서도록 이끌 책임이 있다. 동시에 성도들은 교회를 사랑하고 영적 리더십을 신뢰하며 따르는 자세를 가져야 하며, 무엇보다 하나님의 말씀을 배우는 데 힘쓰고 그 말씀을 삶 속에서 실천하기 위해 끊임없이 노력해야 한다. 교회는 특정 개인의 판단이나 결정에 따라서 좌지우지되어서는 안 되며, 오직 하나님의 말씀 안에서 하나님의 영광을 위해 운영되어야 한다.

이와 더불어 교회를 세워 가는 과정에서 사람의 헌신이 필요하다. 그 헌신의 한 형태가 바로 사람이 수고하여 얻은 재정을 하나님께 드리는 헌금이다. 모퉁이돌교회 역시 사역을 지속해 가는 데 있어 헌금은 중요한 수단이자 방법이었다. 그러나 교회 개척 초기에는 성도 대부분이 경제적 자립이 어려운 학생들이었기에, 교회는 늘 재정적인 어려움 가운데 놓여 있었다. 그럼에도 담임목사로서 나는 성도들에게 헌금에 대해 가르쳐야 했다.

성경은 하나님께서 헌금의 액수를 보시는 분이 아니라, 드리는 자의 마음의 중심을 보신다고 분명히 말한다. 헌금을 큰 금액을 드렸기 때문에 온전해지는 것이 아니라, 크고 작음을 떠나 내가 가진 모든 것이 하나님께로부터 왔음을 인정하고 그 일부를 믿음으로 드리는 고백이다. 그렇기에 헌금은 말로 가르치기보다 삶으로 보여 주며 알려 주어야 했다.

헌금은 사람이 수고하여 얻은 재정을 하나님께 드리는 행위이기에, 믿음 없이는 결코 쉬운 일이 아니다. 모든 것이 하나님으로부터 시작되었고, 하나님께서 이 세상의 참 주인이심을 분명히 알고 인정하지 않는다면 헌금이나 십일조를 드리는 일은 부담이 될 수밖에 없다. 실제로 부족한 재정으로 인해 교회에 위기가 찾아온 적도 있었고, 그로 인해 목회자 가정 또한 어려움을 겪은 시기도 있었다. 그러나 그때마다 하나님께서는 모퉁이돌교회 성도들의 삶 속에서 역사하셨고, 선하신 하나님께서 사람들을 통해 하나님의 방법으로 교회의 필요를 채우시는 은혜를 경험하게 하셨다.

처음부터 헌금 교육을 체계적으로 계획했던 것은 아니었다. 그러나 헌금에 대한 가르침은 삶을 통해 자연스럽게 이루어졌다. 자신들의 삶 또한 넉넉하지 않았음에도 불구하고 담임 목사 가정과 운영위원들이 하나님 앞에서 온전한 십일조 헌금을 실천하는 모습을 보며 교회 공동체는 서서히 성장하기 시작했다. 그리고 그러한 헌신을 보고 자라 온 성도들 역시 믿음이 성숙해지며, 자신의 재정 가운데 주일 헌금과 십일조를 구별하여 드리는 성도로 자라났다.



## | 앞으로의 과제는 함께 해결하라 |

### 결혼, 그리고 장년들의 정착

교회의 평균 연령이 21.5세인 모퉁이돌교회는 개척 이후 지금까지 어린이와 청년이 중심이 되어 형성된 공동체이다. 지난 10년 동안 학생이었던 성도들은 성장하여 대학을 졸업하고 직장을 얻었고, 이제는 결혼과 가정을 이루는 삶을 준비하는 단계에 이르렀다. 이러한 흐름 속에서 교회는 자연스럽게 다음 단계의 과제를 마주하게 되었다. 그것은 바로 장년 성도들이 교회 안에 정착하지 못하는 현실이다.

모퉁이돌교회에는 "아이들만을 위한 교회인가요?"라는 질문이 반복해서 제기되어 왔다. 이 질문은 단순한 호기심이 아니라, 장년 성도들이 느끼는 낯섦과 거리감을 함축하고 있다. 일반적으로 교회는 조용하고 질서 정연한 공간이라는 인식이 강하지만, 모퉁이돌교회는 그와는 다른 분위기를 가지고 있기 때문이다. 아이들이 많고, 공동체 전체가 활기차며 때로는 산만하게 느껴질 만큼 역동적이다.

특히 성황동 시절에는 공간의 제약으로 인해 예배와 교제가 같은 장소에서 이루어질 수밖에 없었다. 본당이 곧 식당이었고, 식당이 곧 본당이었기에 아이들과 청장년이 항상 한자리에 머물렀다. 그 결과 예배 전 조용히 기도하며 준비하는 전통적인 예배 환경은 사실상 기대하기 어려웠고, 이러한 분위기는 처음 교회를 방문한 장년 성도들에게 적지 않은 부담으로 작용했다.

그러나 장년 성도들이 정착하지 못한 가장 큰 이유는 분위기 자체보다도, 공동체 안에서 자신들의 역할을 찾지 못했기 때문이다. 모퉁이돌교회는 비록 개척 교회이지만 나름의 질서와 운영 원칙을 가지고 있었다. 식당 봉사, 예배 준비, 각종 사역은 이미 정해진 구성원들이 맡고 있었고, 교회는 등록 후 1년 동안 어떤 봉사나 예배 순서도 맡기지 않는 원칙을 유지해 왔다. 이는 공동체를 먼저 이해하고 예배에 집중하는 시간이 필요하다는 판단에서 비롯된 것이었다.

하지만 장년 성도들에게 이 원칙은 쉽게 받아들여지지 않았다. 장년 성도들은 교회에 오면 자연스럽게 무엇인가를 해야 한다고 생각했고, 아이들과 청년들로 가득한 교회에서 어른으로서 역할을 감당하고 싶어 했다. 그 선한 마음은 감사했지만, '할 일이 없다'라는 느낌은 곧 '머물 이유가 없다'라는 인식으로 이어졌다. 아무리 그 취지를 설명해도, 많은 장년 성도는 2~3주를 넘기지 못하고 교회를 떠났다.

이 한마디는 장년 성도들이 정착하지 못한 이유를 가장 단적으로 보여준다. 교회에 대한 이해가 쌓이기도 전에 역할을 기대했고, 역할이 주어지지 않자 공동체에 속하지 못했다고 느낀 것이다.

또 하나의 중요한 이유는 또래 장년 성도의 부재였다. 교회를 방문하는 장년 성도들은 대부분 한두 명에 그쳤고, 함께 교제할 동년배 그룹이 형성되지 못했다. 아이들과 청년들로 가득한 공간에서 혼자 혹은 부부 단위로 머무는 일은 절대 쉽지 않았다. 결국 장년 성도들은 교회의 생동감에 잠시 힘을 얻고 가기도 했지만, 지속적인 교제와 소속감을 형성하지 못한 채 교회를 떠나는 일이 반복되었다.

이러한 경험은 지난 10년 동안 반복되었고, 그동안 모퉁이돌교회를 다녀간 장년 성도들은 대략 20여 명에 이른다. 장년 성도들이 정착하지 못하자, 교회는 여전히 청년 중심의 공동체로 남게 되었고, 이는 다시 장년 성도들의 정착을 어렵게 만드는 구조로 이어졌다.

어쩌면 장년 성도들이 정착하지 못하는 이 반복된 현실은 모퉁이돌교회가 반드시 마주해야 할 과제일 것이다. 그러나 동시에 이 교회가 걸어온 길의 결과이기도 하다. 청년 중심으로 형성된 공동체의 질서를 쉽게 무너뜨릴 수는 없었고, 우리는 언젠가 이 교회의 정체성을 이해하고 함께 걸어갈 장년 성도가 올 것이라는 소망을 품고 사역을 이어왔다.

　비록 지금은 장년 성도들에게 낯설고 머물기 어려운 교회일지 모르지만, 청년들이 결혼하여 가정을 이루고 그 가정들이 교회의 중심을 이루어 갈 때, 모퉁이돌교회는 자연스럽게 장년들에게도 문턱이 낮은 공동체로 변화해 갈 것이다. 그리고 그때에는, 장년 성도들이 더 이상 "할 일이 없는 교회"가 아니라 "함께 살아갈 공동체"로 모퉁이돌교회를 받아들이게 될 것이라는 확신이 있다.

모퉁이돌의 첫 번째 결혼식

신앙 1세대가 80% 이상을 차지하는 모퉁이돌교회가 안고 있는 가장 큰 과제는 '가족 전도'이다. 개척 이후 10년 동안 학생 성도들과 함께 교회를 세워 오며 그들의 부모님들을 전도하기 위해 꾸준히 노력해 왔지만, 현재까지 실제로 전도되어 모퉁이돌교회에 출석하게 된 부모님은 없다.

그러나 분명한 변화는 있었다. 과거에는 예수님의 '예' 자만 언급되어도 가정의 분위기가 경직되곤 했고, 수련회나 선교 일정이 있을 때마다 부모님의 허락을 얻기 위해 많은 설득과 시간이 필요했다. 하지만 시간이 흐르며 교회 안에서 청년들이 건강하게 성장하는 모습을 통해, 믿지 않는 부모님들의 교회에 대한 인식은 눈에 띄게 달라졌다. 아직 복음을 온전히 받아들이지 않았을지라도, 교회를 바라보는 시선만큼은 과거와 분명히 달라졌다고 말할 수 있다.

예수님을 믿지 않는 가정에서 신앙을 지키며 자라온 청년들은 이제 교사가 되어, 신앙 1세대가 대부분인 모퉁이돌교회의 사역에 큰 힘이 되고 있다. 자신들이 겪어 온 신앙의 갈등과 어려움을 누구보다 잘 알기에, 다음세대를 이해하고 공감하는 데 큰 자산이 된다.

1년 전부터 준비해 온 캄보디아 선교 역시 이러한 맥락에서 진행되었다. 학생 성도들도 함께 선교에 참여할 수 있기를 바라는 마음으로, 교회는 믿지 않는 부모님들을 설득하기 위해 캄보디아 선교 현장에서의 식사, 숙소, 활동사진을 인화하고, 교사들의 손 글씨 편지를 함께 담아 부모님들께 전달하였다. 다음 해에 과연 몇 명의 학생이 선교에 동참하게 될지는 알 수 없지만, 분명한 사실은 교사들이 과거 신앙 안에서 겪었던 경험들이 모퉁이돌교회 다음세대를 세우는 데 실제적인 도움이 되고 있다는 점이다. 신앙으로 인한 가정 내 갈등과 긴장을 해결하는 가장 근본적인 방법은 결국 가족 전도일 것이다.

그러나 자녀의 위치에 있는 성도들이 믿지 않는 가족을 전도하는 일은 절대 쉽지 않다. 그렇기에 모퉁이돌교회 성도들은 가정과 교회 안에서뿐 아니라 학교와 직장, 일상의 모든 자리에서 더욱 조심스럽고 성실하게 살아가려 노력해 왔다. 개척 이후 10년이라는 시간 동안 교회가 비교적 건강하게 성장하고, 학생 성도들이 책임감 있는 청년으로 자라면서 교회에 대한 사회적·가정적 인식이 긍정적으로 바뀐 것은 사실이지만, 여전히 가족들이 예수님을 주님으로 영접하기까지는 더 많은 시간과 인내, 그리고 기도가 필요해 보인다.

비록 오랜 시간이 걸릴지라도, 모퉁이돌교회는 포기하지 않고 믿지 않는 가족들을 위해 기도하며 삶으로 복음을 살아낼 것이다. 언젠가 가족이 함께 예배의 자리로 나아오는 그날이 온다면, 우리는 그 어떤 사역의 열매보다도 더 큰 기쁨으로 하나님께 감사하게 될 것이다.

## 목적 헌금을 시작하다

2025년 1월 10일부터 12일은 모퉁이돌교회의 열 번째 겨울 수련회를 통하여 많은 은혜를 받고 비전을 품은 날이다. 수련회의 주제는 "우리는 모퉁이돌교회입니다"였고, 2024년 여름 수련회 교회 탐방으로 방문했던 나눔교회 조영민 목사님을 주 강사로 수련회를 진행하였다. 첫날은 〈내가 사랑하는 교회〉(엡 1:20-23)라는 제목으로 말씀을 들었고, 둘째 날은 〈내가 소망하는 교회〉(왕상 18:41-45)라는 제목으로 말씀을 듣고 뜨겁게 기도하였다. 마지막 셋째 날은 미국 21개 교회를 탐방하고 돌아와 유튜버로 사역하고 있는 〈유목민TV〉 유승현 목사님이 오셔서 "세상의 모든 교회를 소개한다"라는 주제로 모퉁이돌교회 청년과 중고등부 학생들에게 교회에 대한 소망을 품을 수 있도록 도움을 주셨다.

우리는 2025년 겨울 수련회를 통하여 우리가 교회를 얼마나 사랑하고 아끼는지 알게 되었고, 우리 교회가 앞으로 나아가야 할 방향을 소망하게 되었기에, 모든 순서를 마치고 모퉁이돌교회를 기대하며 소망하는 특별한 순서를 진행하였다. 특별히 김주예 청년과 허아인 학생은 1조를 대표하여 '우리는 어떤 교회를 소망하는가?'에 대해서 발표하는 시간을 가졌는데, 학생들과 청년들이 가득한 모퉁이돌교회가 현재 사용하고 있는 4층을 넘어서 5층으로도 교회를 확장하여 더 많은 학생과 청년, 그리고 지역 사회를 품을 수 있는 교회로 성장하기를 소망한다는 발표가 이어졌다.

모퉁이돌교회를 개척하고 10년이 지난 2025년, 교회가 자립하여 이제는 한 달 한 달을 살아갈 수 있는 재정은 확보되었지만, 어떤 행사를 진행하기 위한 예비 재정은 없었기에 그 비전을 실행에 옮기기 위해서 겨울 수련회 1조 성도들은 교회 확장을 위한 목적 헌금을 하자고 제안하였고, 이를 경청한 모든 성도는 동의하여 목적 헌금을 시작하기로 결의하였다.

수련회를 마친 후 목적 헌금 양식을 만들어 중고등학생은 최소 금액을 1,000원으로, 대학생은 3,000원으로, 직장인 청년들은 5,000원으로 결정하여, 2025년 1월 19일부터 교회 확장을 위한 목적을 가지고 목적 헌금을 시작하게 되었다. 그리고 2025년 1월, 청년 성도와 중학생 성도를 통해서 자발적으로 시작된 목적 헌금은 2025년 11월, 11개월 만에 처음 목표로 했던 금액이 모이게 되었다.

거의 모든 청년이 목적 헌금에 동참하였고, 어린 중학생, 고등학생도 선뜻 1,000원씩 헌금하기 시작했다. 일주일에 커피 한 잔 가격을 아껴서 교회를 위해서 헌신할 수 있었던 것은 성도들의 교회를 향한 사랑이고, 모퉁이돌교회를 이끌어 가시는 하나님에 대한 신뢰가 있었기에 가능하다고 생각한다. 아직 5층 전부를 사용하기에는 부족한 금액이지만 다음세대가 다음세대를 품기 위하여 이러한 제안을 하였다는 것에 감사하고, 목표했던 1,000만 원을 넘어 더 큰 금액이 모인 것에 그저 감사할 뿐이다.

그래서 우리는 더 큰 꿈을 꾸기로 했고, 처음 계획하고 기도했던 대로 2026년에는 5층으로 교회를 확장하기로 했다. 현재 5층은 다른 회사에서 약 60평 정도를 사용 중이다. 그래서 우리는 남은 40평을 먼저 사용하기로 했다. 모퉁이돌교회 성도들의 하나님을 사랑하고 교회를 사랑하는 마음은 지역 사회를 사랑하는 마음으로 성장할 것이며 지역 사회에 보여 줄 선한 영향력, 그리고 한국교회에 작지만 강한 도전을 주고 싶은 우리는 오늘도 그날을 꿈꾸며 기도하며 기대해 본다. 평균연령 21.5세! 모퉁이돌교회의 미래를 기대한다!

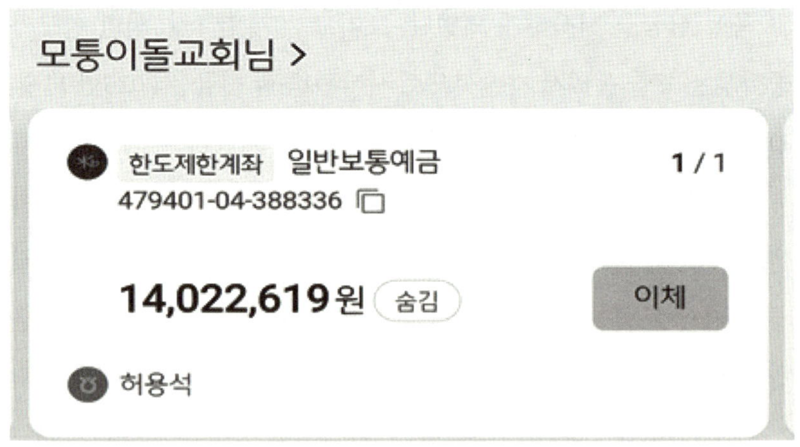



목적헌금 계좌에 모인 모퉁이돌교회의 비젼